Wilhelm Milch

„Wir werden weitermarschieren, bis alles in Scherben fällt …"

Eine Wiesbadener Jugend in der Hitlerzeit

Der Blick in seine Jugendzeit ist - trotz des gleichen Ortes, derselben Stadt, in der er lebte und noch lebt - wie die Reise in eine ferne, fremde Welt. Denn er gehört einer Generation an, die dazu bestimmt war, eigenes Denken, ja das ganze Dasein einem Wahn zu opfern, einem „Tausendjährigen Reich". Er hat es nicht geopfert, dank seinem Elternhaus, seinem Vater zumal, dessen aschfahles Gesicht ihm noch heute vor Augen steht, mit dem er nach Hause kam, wenn er am Bahnhof Geschäftsfreunde gesehen hatte, Bekannte, zum Abtransport im Güterwagen bereitstehend. Das zwang schon früh zum Nachdenken, auch zum heimlichen Nonkonformismus, zum „Querdenken". Das wirkt bis heute nach. Deshalb gehören die in diesen Lebensbericht eingeflochtenen Reflexionen dazu, auch wenn sie teilweise die des alten Mannes sind. Im Alter sieht man schärfer.

Der Fackelzug

Eine der frühesten Erinnerungen ist der Fackelzug. Er kam den Kaiser-Friedrich-Ring herab, braune Kolonnen in Dreier- oder auch Viererreihen, die jeweils äußeren Männer links und rechts die Fackel in der Faust, bog am Landeshaus in die Moritzstraße ein; ob sie sangen, ob Musik mitmarschierte, hat der Bub vergessen. So etwas hatte er noch nie erlebt; es aus dem hohen Erker des Eckhauses heraus anzuschauen war doch etwas ganz anderes als die gelegentlichen Aufzüge des „Reichsbanners" oder der Kommunisten, wenn sie mit ihren quäkenden Schalmeien, vom Bahnhof her kommend, den Ring herauf trotteten, scheel beobachtet von den Mitbewohnern auf der Seite dieser Alleestraße, wo die „Herrschaftswohnungen" lagen, deren Mieter für solche linken Spektakel wenig Interesse zeigten. Die Wohnungen nach der Moritzstraße zu, auf der anderen Seite des Eckhauses, waren weniger „vornehm". Der Bub - kaum sieben Jahre alt - wusste natürlich nicht, was sich die Menschen im Haus beim Anblick des abendlichen Schauspiels dachten; aber er konnte schon ahnen, was seine Großmutter empfand, die, im Parterre wohnend, dem Dröhnen der Schritte, den siegesstolzen Blicken der braungekleideten Männer mit ihren Sturmriemen unter dem Kinn viel näher war. Sie wählte deutschnational, sprach, wenn sie ihrem Enkel Bilder des abgedankten Kaisers zeigte, vom „Kaiser Drecksack", weil sie ihm seine allzu eilige Flucht vom Thron (damals im November 1918) verübelte; aber ebenso heftig war ihre Abneigung gegen den „Nachfolger", den Mann „mit dem Dreck unter der Nase", den „Anstreicher", jenen Hitler, zu dessen Ehren, weil er an diesem Tag, dem 30. Januar 1933, zum Reichskanzler ernannt worden war, der abendliche Fackelzug stattfand.

Die andere Großmutter, die in dem kleinen oberhessischen Städtchen, war hitlergläubig. Ihre Begeisterung für den späteren „Führer" rührte vor allem daher, dass sie glaubte, er werde den alten Kaiser aus Holland wieder zurückrufen oder den Kronprinzen und zusam- men mit der Monarchie die Ehre Deutschlands wieder herstellen. Bei den heutigen Diskussionen darüber, wieso unser Volk dem Mann aus Braunau aufsitzen konnte, wird leicht vergessen, wie sehr die Deutschen die Demütigung durch den harten Versailler Ver-trag getroffen hatte; der Ausgang des letzten Krieges hat unseren Nationalstolz so sehr abgebaut, dass wir uns kaum mehr in die Mentalität eines Großteils der Menschen aus den 20er und 30er Jahren des 20. Jahrhunderts zurückversetzen können und geneigt sind, allein die ökonomischen Gründe

(Arbeitslosigkeit, Wirtschaftskrise etc.) für den Erfolg Hitlers verantwortlich zu machen.

Eine noch frühere, recht dunkle Erinnerung des Buben: Aus der Ringkirche (vom Gottesdienst offenbar) zieht eine Kompanie englischer Soldaten, khakifarbene Uniform, den Helm auf dem Kopf, der wie ein umgestülpter Suppenteller aussieht. Vor der Kolonne marschiert ein Mann mit einem gehörnten Ziegenbock, dem Maskottchen der Truppe. Der Kleine sieht die Gewehre, die die Soldaten tragen (also doch nicht aus dem Gottesdienst?) und fragt seine Mutter, was sie damit wollten. Die antwortet: „Sie wollen uns damit totschießen". Scherz oder Ernst? Es muss vor 1930 gewesen sein; damals endete die Be-setzung des Rheinlandes. Der Antwort seiner Mutter war wohl, wenn sie Scherz gewesen sein sollte, auch Ernst beigemischt; sie hat später oft erzählt, wie in der Zeit der französischen Besatzung der Stadt, vor 1925, die Spahis, eine berittene Truppe von Kolonialfranzosen, die Passanten demütigten, indem sie mit ihren wehenden weißen Mänteln die Bürgersteige entlang ritten. Da half nur die Flucht in den nächsten Hauseingang. Auch das zur Antwort auf die Frage, warum die Deutschen so leicht Hitler zum Opfer gefallen seien.

4

Tage unbeschwerter Kindheit

Wir lebten in Wiesbaden, damals noch „Weltkurstadt" genannt (obwohl das Kuren und der internationale Flair nach dem ersten Weltkrieg verschwunden waren), am noblen Kaiser-Friedrich-Ring in einer der „Herrschaftswohnungen", allerdings oben im dritten Stock; in der Moritzstraße waren wir jedoch eher zuhause, denn hier gab es die Kaufläden, die an dem vornehmen Ring fehlten. Der Bub ging gar oft an der Hand seiner Mutter mit zum Einkaufen. Ein Stück die Moritzstraße hinein war rechter Hand das kleine Obst- und Gemüsegeschäft von Frau Steinmetz, wo diese mit ihrem Sohn Albert hinter der Theke stand. Zu Hause machte der Bub oft mit seinem Händchen ein spitzes Häuschen, den Daumen vor den Fingern quergelegt, und da standen beide wieder, im Spiel, hinter ihrer Theke. Ein paar Schritte weiter, an der Ecke zur Goethestraße, war die Bäckerei Schmitt, Bezugsquelle für Brot und Brötchen; wollte man was Feines zum Nachmittag, ging man hinüber zum Cafè Gerlach, wo Frau Gerlach an ihren fünf winzigen Marmor-Tischlein einen mit leckeren Törtchen bediente; die Nussschiffchen waren ein besonderer Genuss. Ihr Sohn, ein blonder Hüne, war schon vor dem Krieg Angehöriger der Waffen-SS; nach dem Krieg und der Zerstörung ihres Hauses hat man nie wieder etwas von ihnen gehört. Ging man ein wenig die Goethestraße hinauf, so war dort Butter-Eier-Käse-Kremer; brauchte man Butter, so schnitt einem Herr Kremer, mit einem lustigen Bürsten-Haarschnitt, ein Stück von einem riesigen Butterberg ab und wickelte es in viel Papier. Der Bub bekam dann regemäßig ein Scheibchen von einem der großen, im Schaufenster prangenden Edamer Käse abgeschnitten. Noch weiter oben, wo die Goethestraße Herderstraße hieß, lag unsere Metzgerei; auch dort gab es für die Kinder ein Stückchen Fleischwurst in die Hand. Die beiden Verkäuferinnen sahen wie rosige Marzipanschweinchen aus; meine Mutter meinte, das komme vom vielen Fleischessen.

Freilich war dieses idyllische Einkaufen damals, vor dem Ausbruch des letzten Krieges, recht zeitaufwendig; dafür brachte es Kontakte und mehr menschliche Wärme als heutzutage das Herumfahren des Wagens im seelenlosen Supermarkt. Nach Kriegsende verschwand diese Einkaufswelt. Unser Viertel wurde hart getroffen durch die Bomben des 2. Februar 1945, als auch Wiesbaden daran glauben musste. Viele Häuser der Moritzstraße waren zerstört; man erkennt das heute noch an den modernen nüchternen Fassaden neben den alten mit ihren mannigfachen Schmuckformen.

„In die Stadt gehen" hieß bei uns, die Moritzstraße entlang bis an ihr Ende an der Rheinstraße, diese überquerend in die

6

Kirchgasse; dort gab es die Geschäfte für Kleidung und manches andere. Wie schön war es, an der Hand seiner Mutter durch die (auch damals schon erleuchteten) Straßen zu spazieren! Am interessantesten war die schmale krumme Ellenbogengasse, denn dort lag Spielwaren-Schweitzer, das Paradies für alle Wiesbadener Mädchen und Buben. Mein Vater wusste, dass dieses Eldorado im Volksmund „es Bobbeschanettsche" hieß, offenbar nach der Gründerin namens Jeanette, die Bobbe (= Puppen) verkauft hatte. Mein Vater kannte sich in unserer Stadt aus; er war gebürtiger Wiesbadener, Jahrgang 1893, aus der Müllerstaße, einer Seitenstraße der Taunusstraße, die ihren Bestand an spätklassizistischen Häusern bis heute prächtig erhalten hat. Das war damals, in der Zeit Wilhelms II, fast ein Wunder, denn überall schossen Bauten im wilhelminischen Barock in die Höhe. Zwischen solchen liefen wir also als Kinder durch die Straßen. Nächst dem „Bobbeschanettsche" gab es da noch andere Attraktionen. Wenn man von der Kirchgasse in die Schulgasse einbog, stand man vor der großen Brandmauer der Metzgerei Bellwinkel, auf der, auf weiß getünchtem Untergrund, das riesige Bild eines Metzgers mit appetitlichen Schweinchen prangte. Das lud so richtig zum Wurstkaufen ein. Wenn auch hier die Preise höher waren als bei unserem Metzger Frank in der Herderstraße, so bekam das Kind trotzdem sein Stückchen Fleischwurst. Die Gasse hat sich heute durch den Ausbau von „Karstadt" verändert. Wo dieser jetzt steht, war in jenen fernen Tagen das Kaufhaus Blumenthal. In den Nazi-Jahren vor dem Krieg wurde Blumenthal als „nicht-arisch" vertrieben, es zog „Krüger und Brandt" ein, dann „Karzentra"; nach dem Krieg machte man meinem Vater, weil er politisch unbelastet war, das Angebot, dort Geschäftsführer zu werden; er lehnte ab, weil dieser Anzug ihm zu groß erschien, und wurde Treuhänder eines Lebensmittelgeschäfts, dessen Inhaber „Nazi" gewesen war. Davon später.

Auf unseren Wegen durch die Stadt kamen wir nur selten bis zum Kurhaus (es ist auch heute noch das repräsentative Bauwerk Wiesbadens), noch seltener in den Kurpark, denn es saß vor dem engen Eingang in seinem hübschen Steinhäuschen (das steht noch) ein Uniformierter, dem man Eintritt zahlen musste; wieviel, weiß ich nicht; sollten es mehr als 20 Pfennige gewesen sein, musste ein Normalbürger sich solchen Luxus schon gut überlegen. War man drinnen, brauchte niemand Angst vor rasenden Radfahrern zu haben oder die Augen zu schließen vor auf dem Rasen lümmelnden Mitmenschen mit ihrer pa-pierenen Hinterlassenschaft. Auch im „Warmen Damm", den frei zugänglichen Grünanlagen vor dem Theater, überhaupt in allen Parks der Stadt, war es verboten, den Rasen zu betreten; es tat dies auch keiner. Wer im Kurpark war, durfte stolzen Schrittes den Weiher umrunden; er gehörte zu den Privilegierten. Im Kurhaus selbst bin ich als Kind nie gewesen. Davor, zwischen den riesengroßen Platanen aus der Zeit des nassauischen Herzogs (als man sie zu Anfang des 21. Jahrhunderts fällte, ging ein Sturm der Entrüstung durch die Stadt), lag mit seinen Kaskadenbrunnen das „Pollinggrien", wie der Volksmund es nannte, verballhornt aus „Bowling Green", dem Ballspielplatz sehr früher Zeiten. Der Name spiegelt die Internationalität der alten Kurstadt. Als das „Alte Kurhaus", der Vorgänger des jetzigen von 1906, noch stand, in dem einst Goethe verkehrte, muss die gesamte Anlage mit den beiden langen Säulenhallen und dem alten Theater auf der anderen Seite der Wilhelmstraße sowie dem Hotel „Vier Jahreszeiten" (dies ist erst im letzten Krieg untergegangen) eines der vornehmsten Ensembles des deutschen Klassizismus gewesen sein. Zerstört hat es nicht der Bombenkrieg, sondern schon der wilhelminische Protzbau des Hotels „Nassauer Hof" vom Anfang des 20. Jahrhunderts. Wenn ich heute von der Portikus des Kurhauses hinüberschaue, wird mir das schmerzlich bewusst.

Neben dem Kurhaus stand - und steht noch - das prächtige, neo-barocke Theater. Das Innere lernte ich erst als Halbwüchsiger kennen, als meine Mutter fürchtete, ich müsse noch Soldat werden (das Ende des Krieges war nicht abzusehen, der frühe Tod für „Führer, Volk und Vaterland" lag im Erwartungshorizont eines jeden größeren Buben) und deshalb meinte, sie sollte mir noch einiges Schöne bieten; da ging sie mit mir in die Oper. Wer kann heute noch die Ängste einer liebenden Mutter von damals nachempfinden? Das Theater spielte noch; das Aus kam endgültig erst mit der Zerstörung am 2. Februar 1945. Es waren leichtere, für größere Kinder leicht zugängliche Opern. An einen „Tannhäuser" erinnere ich mich noch gut: Wenn wie Todesahnung Dämmrung die Lande deckte und der Abendstern glänzte, sah man bei dem weiblichen Publikum Tränen und Taschentücher. Würde man die - dabei - heute noch sehen? Sind wir so gefühllos geworden? Und wodurch? Damals sind zur selben Stunde draußen in der Welt vielleicht Tausende von Soldaten erschossen, in Lagern gequält worden. Krokodilstränen? Objektiv ja, möglicherweise. Subjektiv nein. Wieviele dachten wohl bei dem sanften Entschwinden der Elisabeth an den unsanften Tod des Sohnes, des Mannes, des Bruders? Der „Tannhäuser" ist eine meiner Lieblingsopern geblieben - wenn er einigermaßen werkgetreu aufgeführt wird und nicht den Eskapaden renommierhungriger Regisseure zum Opfer fällt, die sich gegenseitig mit Absurditäten überbieten wollen.

Im Museum

Sonntags ging mein Vater mit mir manchmal ins Museum. Wir spazierten von unserem Haus, Kaiser-Friedrich-Ring 88, an der Ecke zur Moritzstraße, den Ring hinunter Richtung Hauptbahnhof; zunächst am „Opel-Haus" vorbei, zwischen Adolfsallee und Bahnhofstraße gelegen, damals das größte Autohaus der Stadt. Als es gebaut wurde, in den 30er Jahren, war es Gesprächsstoff für die Umwohnenden, denn um einen Hof herum gruppierten sich „schuhkartonförmige" Bauten (wie wir sie heute zur Genüge kennen) mit flachen Dächern, im Bauhaus-Stil, damals in unserer Stadt gewöhnungsbedürftig. Wir gingen dann am Bahnhof vorbei; vor ihm schöne Anlagen mit immergrünen Hecken, Taxus und Ilex, wohl auch Kirschlorbeer; darin gab es Nachtigallen, die sich von dem schon damals rollenden Autoverkehr beim Singen nicht stören ließen. Dem Hauptbahnhof gegenüber lagen - und liegen noch - die Reisinger-Brunnen-Anlagen von 1932 mit ihren langen Wasserbassins und kleinen Springbrunnen. In ihrem Ende stadteinwärts kniete die Skulptur einer nackten Frau im Wasser, wohl ein Symbol für Wiesbaden als Bäder-Stadt; von uns bespöttelt, weil sie im Winter mit einem komischen

Holzkasten umkleidet wurde, damit sie nicht so fror. Ich kann mich noch dunkel an die Zeit vor der Entstehung der schönen Anlage erinnern: Wer aus dem Bahnhof trat, stand vor Schrebergärten mit verschieden hässlichen Holzzäunen und fragte sich, wo denn hier die Stadt sei. Dem hat Herr Reisinger, vermögen-der Deutsch-Amerikaner, mit seiner Stiftung abgeholfen und der „Weltkurstadt" zu einem anständigen Entrée verholfen. Fünf Jahre später, 1937, folgte ihm der Apotheker Herbert mit der Erweiterung der Anlagen zur Innenstadt hin, der Herbert-Anlagen. Da wir nicht weit entfernt wohnten, konnten wir ihre Entstehung gut verfolgen. In meiner Erinnerung summt noch die „Aeolsharfe", die da auf dem Tempelchen eingebaut werden sollte; was das war, wussten wir nicht, haben es auch später nicht vermisst. Wenn man vom Ring zum Museum wollte, konnte man, statt durch die Anlagen, auch durch die Kaiserstraße gehen, die heutige Friedrich-Ebert-Allee; ihre Ostseite war noch unbebaut, die Innenstadt begann mit unserem schönen Museum von 1913/4. Das Museum war ein „Drei-Sparten-Haus", das heißt, es beherbergte die Sammlung Nassauischer Altertümer, die Naturkundliche Sammlung und die Gemäldegalerie; der Grundstock für alle drei Sparten war schon zu Anfang des 19. Jahrhunderts zusammen gekommen, auch unter der Mitwirkung von Goethe. Der thronte deshalb in schön poliertem Granit vor dem Museumseingang - und tut das, nach einer zeitweiligen Entthronung, auch heute noch. Dem Kind gaben die Eltern auf die Frage, was der Mann denn da tue, die erfreulich kindertümliche Antwort „er sitzt da auf dem Topf"; das wunderte sich freilich darüber, warum er bei dieser Tätigkeit einen Ad-ler bei sich habe. Drinnen war die Attraktion für mich natürlich die zoologische Abteilung mit ihren großen Vitrinen; dass die Felle von manchen Hirschen und Rehen, Wölfen und Löwen schon etwas bestoßen waren, störte nicht. Ich staunte. Heute sieht man lebende Tiere, oft ganz nahe, bequem in der Stube: Fernseh-Alltag. Aber Teile der historischen Sammlung waren für mich ähnlich attraktiv. Es gab eine Altsteinzeit-Höhle, aus Plastik nachgebildet (war es die von Lascaux oder eine andere?); der Reiz für den Buben bestand weniger in der originaltreuen Reproduktion der Tierbilder als darin, dass man so schön hin-durchlaufen konnte. Und dann der geheimnisvolle Mithrastempel (ein Nachbau des echten, am Römertor ergrabenen) und unsere römischen Soldatengrabsteine: die beeindruckten mich damals schon. Mehr als 60 Jahre später durfte ich, dank der Freundlichkeit des damaligen Kustoden der Sammlung Nassauischer Altertümer, der meine Sachkenntnis schätzte, in der römischen Abteilung Führungen halten - bis kurz nach der Jahrtausendwende die gesamte Sammlung abgebaut wurde

13

und im Depot verschwand, bis heute. Der Direktor des Museums hatte gegen den Willen weiter Kreise der Wiesbadener Bevölkerung seine Idee durchgesetzt, aus unserem „Drei-Sparten-Haus" ein Haus für moderne Kunst zu machen. Die Naturkundliche Sammlung blieb, hier war der Widerstand stärker gewesen. Bis heute hat die Stadt Wiesbaden, die ja gerne „Weltkulturerbe" werden möchte, keinen geeigneten Ort für jenen „alten Plunder" finden können, will sagen, für die Zeugnisse ihrer langen Geschichte; eine einzigartige Ausnahme unter den Großstädten Europas.

Dem Lebertran entronnen

Wann ich ihn nicht mehr schlucken musste, weiß ich nicht; spätestens ab dem Beginn des Krieges, im September 1939, verschwand er aus den Lebensmittelgeschäften. Er gehörte ja zu den Fetten, und die wurden schon früh zusammen mit Fleisch und vielem anderen rationiert, d. h. jeder bekam Lebensmittelmarken, wie kleine Briefmarken an einem Bogen aussehend, die man abtrennen und beim Einkaufen dem Kaufmann geben musste, der einem nur die auf diesem „Märkchen" verzeichnete Menge einhändigen durfte.

14

Was war Lebertran? Eine gelblich-dicke Flüssigkeit in einer Flasche, tranig riechend und eklig schmeckend, aus irgendwelchen Fischlebern (oder woraus sonst noch?) gepresst und landauf, landab den Kindern löffelweise verabreicht, weil sie als besonders gesund galt. Ich kenne keinen damaligen Leidensgenossen, den nicht seine Mutter damit gequält hätte! Heute noch habe ich den widerlichen Geschmack im Mund, wenn ich an ihn denke. Ich war aber brav und folgsam und habe nie, wie ich es von anderen Buben und Mädchen hörte, geheult oder bin fortgelaufen, wenn man mir ihn eintrichtern wollte. Vor dem Essen oder nach dem Essen, das weiß ich nicht mehr; „du musst deinen Löffel Lebertran kriegen" war die tagtägliche Feststellung meiner Mutter, die Ankündigung einer tagtäglichen kleinen Folter. Sie litt ja mit; eines Tages schwenkte sie fröhlich eine Flasche mit einem weißlichen Inhalt: Lebertran, der mit irgend einem Obstsaft versetzt war und besser schmeckte. Ob wir wirklich von dem Zeug „gesünder" geworden sind? Ähnliche Zauberkraft wurde dem Spinat zugeschrieben. Alle Kinder mussten Spinat essen, auch wenn der ihnen nicht passte. Ich aß ihn gern, tue das auch heute noch. Welcher Gruppenzwang damals dahinter steckte, wüsste ich nicht zu sagen; die Reklame war es wohl nicht, die war ja vergleichsweise dürftig. Heute ist alles anders. Wir werden täglich mit den Anpreisungen gesündester

Nahrungsmittel überschüttet, die uns ein ewiges Leben garantieren müssten. Auch unser Bio-Wahn fordert den Spott alter Menschen heraus.

Wie war damals ansonsten der Kinder-Alltag? Mit 6-7 Jahren kam man in die „Volksschule". An meine Einschulung kann ich mich nicht mehr erinnern außer an meinen kleinen Banknachbarn, Hänschen L., dessen Mutter ihn eiligst neben mich setzte, offenbar weil ich so friedlich und manierlich aussah. Er ist alt geworden wie ich, lebt im selben Stadtteil; zweimal im Jahr sehen wir uns, tauschen Erinnerungen aus. Mein Schulweg war ca. 10 Minuten lang und ungefährlich; ich konnte ihn bald alleine gehen. Noch kürzer war später, nach vier Schuljahren, der zur „Oberschule" (heute: Gymnasium). Kinder, die man im Auto brachte, gab es damals nicht; ab 1939 verschwanden ja auch alle privaten Kraftwagen. Lesen und Schreiben zu lernen fiel mir leicht. Die Volksschulklasse hatte einen leichten Anhauch von Internationalität: ein Engländer war dabei, ein Halbfranzose, ein Österreicher; auch zwei jüdische Mitschüler, bis sie in eine besondere Schule mussten. Übergriffe von anderen Buben oder Demütigungen durch Lehrer habe ich nicht erlebt; das wäre auch bestraft worden. Für Missetäter hatte der Lehrer ein kleines Stöckchen, das er manchmal demonstrativ schwang; er war sympathisch, und wir lernten gern. Ein Kollege von ihm, der ihn bisweilen vertrat, war „schlagkräftiger"; man musste im Bedarfsfalle die Hände hinhalten. Eine „Prügelorgie" habe ich einmal mitgemacht, ausgeführt vom - Hausmeister, einem schnauz-bärtigen Feldwebel-Typ: die Klasse war laut, ohne Lehrer, und da fegte er mit seinem großen Stock systematisch durch die Reihen, jeder bekam sein Fett. Alle duckten sich in ihre Bank. Die sah so aus, wie man sie heutzutage in Heimatmuseen bewundern kann, mit einem Tintenfass und einer Rille für Feder und Bleistift. Wir lernten schreiben mit Schiefertafel, Griffel und Schwämmchen; ich bezweifle, dass man es heute mit allerlei teuren elektronischen Geräten besser kann. Nach der Schule trollten wir uns mit unseren Lederranzen nach Hause - er war noch nicht so schwer wie jetzt mit all den dicken Büchern - und die Mutter hatte schon das Mittagessen gekocht (Hausfrau zu sein war ihr tagfüllender Beruf). Manchmal gab es Erbsen- oder Bohnensuppe, da mäkelte ich; aber Makkaroni mit Tomatensoße, das war ein Festessen. Ist es noch heute; ich ziehe es allen anderen Delikatessen unserer globalisierten und überzüchteten Küche vor. Ob ein Mittagsschlaf obligat war, weiß ich nicht mehr. Nachmittags ging es an die Schulaufgaben; an Hilfe durch die Eltern kann ich mich nicht erinnern. Gespielt habe ich immer zu Hause, nie auf der Straße; der Ring hatte schon immer Durchgangsverkehr. Spielgefährten waren Klassenkameraden oder mein kleiner

17

Bruder. Ich besaß eine wunderschöne Sammlung von Plastik-Tieren, inländische und exotische; damit konnte man richtige Zoos aufbauen. Auch die bei Buben üblichen Bleisoldaten fehlten nicht, ebenso, nach 1933, SA- und SS-Leute mit dem „Reichsmarschall" Göring und dem „Führer", aus Plastik, dessen Arm man zum Hitler-gruß hochheben konnte. Wenn man gewusst hätte ... Geschenkt bekommen oder gekauft – meine Mutter war da ganz naiv. Es hatten ja alle Kinder solches Spielzeug. Zur bewusst militärischen Ausrichtung unserer Generation schon im Kindesalter gehörten auch die schönen kleinen Modellschiffe, Kriegsschiffe der deutschen Marine, bleischwer und zentimetergroß, aber maßstabgerecht; die konnte man herrlich auf dem Tisch schwimmen lassen. Hintergedanken hatte man keine. Bei mir hat es sowieso nicht verfangen.

Wie waren wir gekleidet? In Waldemar Bonsels` „Die Biene Maja", einem meiner Lieblingsbücher bis heute (die vielen sprechenden Insekten darin bieten ein Panoptikum menschlicher Verhaltensweisen), heißt es irgendwo, bei den Menschen seien diejenigen, an denen man die Beine sieht, die Mädchen; wo nicht, das seien die Jungen. So streng war die Mode in meiner Kinderzeit: Frauen und Mädchen trugen Kleider oder Röcke, Männer Hosen. An eine einzige Frau in Hosen erinnere ich mich: eine in unserem Viertel bekannte

Installateurin (damals ein reiner Männerberuf!), die so herumlief, in ihrer Arbeitskleidung; das ungewöhnliche Bild haftet noch heute in meiner Erinnerung. Freilich irrte sich der Käfer, oder was immer für ein Tier es in der „Biene Maja" so definiert hatte: Wir Buben hatten kurze Hosen an, auch bei uns sah man Beine. Im Winter oft auch verfrorene, wenn man seinen Eltern trotzte und keine langen Strümpfe haben wollte (die mit Gummibändern an ein „Leibchen" angeknöpft wurden, eine abscheulich feminine Angelegenheit). Lange Hosen durfte man erst mit dem Tag der Konfirmation tragen. Wie das so bei den Katholischen war, wusste ich nicht. Erst nach dem Krieg löste man sich von solchen Modezwängen; aber in Italien zum Beispiel wurden noch in den 50er Jahren des 20. Jahrhunderts hosentragende Frauen scheel angesehen. Oben auf dem Kopf hingegen war in jenen Zeiten die Freiheit eher grenzenlos: Wir Buben konnten im Winter Mützen jedweder Art tragen. Für bürgerliche Männer freilich war auf der Straße der Hut verpflichtend. Musste mein Vater zu feierlichen Anlässen wie Beerdigungen, so wurde der Zylinder hervorgeholt und sorgfältig gebürstet, eine spaßige Sache für uns Buben, weil man ihn auf- und zuklappen konnte. Ich selbst, auch noch im hohen Alter voll im Haar, habe mich zeitlebens gegen Kopfbedeckungen gewehrt (außer, gezwungenermaßen, in meiner uniformierten Soldatenzeit) Meine Mutter wollte mir einmal - ich mochte sechs oder sieben Jahre alt sein - ein schickes Sonntagshütchen verpassen, doch ich muss mich so ungezogen gewehrt haben, dass sie mich richtig versohlte; das einzige Mal, glaube ich. Und als mir meine Frau einst eine schöne Pelzmütze kaufte, trug ich sie nur widerwillig und nicht lange - wohl nicht, um nicht wieder versohlt zu werden.

Protestanten, Katholiken und Juden

Von der Internationaltät Wiesbadens vor dem ersten Weltkrieg war in den 30er Jahren des 20. Jahrhunderts einiges übrig geblieben. Menschen aus vielen anderen Nationen waren unsere Mitbürger. Die kleine anglikanische Kirche am „Warmen Damm", im Stil einer englischen Dorfkirche, wurde frequentiert, und die russische Gemeinde feierte ihre Gottesdienste in der „Russischen Kapelle" auf dem Neroberg, einem bekannten Postkartenmotiv, vom letzten Herzog als Grabkirche für seine früh verstorbene russische Frau erbaut. Unsere Stadt war mehrheitlich evangelisch, aber ein gutes Drittel der Einwohner katholisch; das kam vom Zuzug aus den katholischen Landstrichen des ehemaligen Herzogtums Nassau, dessen Hauptstadt sie gewesen war, aus dem früher kurmainzischen Rheingau, aus den kurtrierischen Gebieten an der Lahn und im Westerwald. Ich kannte die stattlichen evangelischen Kirchen der Stadt, alle aus dem 19. oder beginnenden 20. Jahrhundert, die Marktkirche, Ringkirche, Lutherkirche, Bergkirche, aber auch die nicht weniger ansehnlichen katholischen, St. Bonifatius, Dreifaltigkeit und Maria Hilf oben in einem Viertel der minder Begüterten, danach „die Hilf" genannt; recht weit von meinem Elternhaus, wohin ein Bub vom Ring kaum sich verirrte. Der Unwissende hätte beide Sorten von Kirchen gut unterscheiden können: in den katholischen roch es nach Weihrauch, in den evangelischen nicht, und in den ersteren brannte immer ein Lichtlein. Auch bei den Mitbewohnern im Haus wusste man zu unterscheiden, jedenfalls an einem Tag im Jahr, am Aschermittwoch, wenn die katholischen morgens mit ihrem Aschenkreuz auf der Stirn umherliefen. Auch die Klassenkameraden in der Schule konnte man danach mühelos einordnen, um so leichter, als die Katholiken, mit dem Aschenkreuz geschmückt, an jenem Tag erst zur dritten Stunde in die Schule kommen durften. Uns Protestanten konnte man äußerlich nicht erkennen, auch die Juden nicht - bevor sie durch das Tragen eines Sterns gebrandmarkt wurden. Zwei Mietparteien von dieser Religionszugehörigkeit (Wiesbaden besaß eine prächtige Synagoge orientalisierenden Stils aus

21

dem 19. Jahrhundert) wohnten in unserem Haus: Frau St. Im ersten Stock auf der Seite der Moritzstraße und Herr de L. mit seiner Frau im vornehmen Hochparterre am Ring. Frau St. brachte manchmal einige Leckereien mit für meine Mutter und ihr Bübchen, einmal frisch gebackene Matzen, eine etwas exotische Delikatesse. Frau de L., eine temperamentvolle elegante Französin, schenkte mir einen Tunnel für meine Spielzeugeisenbahn. Eines Tages, es war wohl vor dem Krieg, wurde mein Vater von ihr in die Wohnung gerufen: Ihr Mann hatte sich im Bad während der Morgentoilette die Pulsadern aufgeschnitten. Mein Vater war lange nicht ansprechbar, hat uns Kindern nichts weiter erzählt. Frau de L. glückte es, noch nach Frankreich zu entkommen; ob sie dort überlebt hat, weiß ich nicht. Das war eine erste, uns direkt berührende Probe davon, was ideologisch verordneter Hass mit Menschen machen kann; nur ein kleiner Mosaikstein von dem, was wir später, nach Kriegsende, erfahren sollten.

Mein Vater hatte einen Geschäftsfreund aus Mainz, Herrn M.; er besuchte ihn manchmal, um den „Stürmer", den mein Vater für ihn besorgt hatte, sich abzuholen. Herr M. traute sich nicht ihn selbst zu kaufen; er war „nicht-arisch" und dachte wohl, das sehe man ihm an. Der „Stürmer" war jenes braune Hetzblatt, das speziell auf die Verleumdung jüdischer Mitbürger (mit dem Endziel ihrer „Ausmerzung") angelegt war.

Das Blatt hatte schreckliche Bilder, meist Zeichnungen. Man versteckte es regelmäßig vor mir. Einmal war das nicht geglückt, und ich erinnere mich noch heute genau an die Titelzeichnung, wo zu sehen war, wie drei grausige Fratzen mit Hakennasen einem Säugling in ihrer Mitte mit Strohhalmen das Blut aussaugten. Die Primitivität, mit der hier Gräuelmärchen früher Jahrhunderte aus der Zeit des Rabbi von Bacharach unserem Volk aufgetischt wurden, um ihm einen guten Teil seiner Intelligenz zu eliminieren, schreckt mich heute noch, und noch heute ist das nicht verblasste Bild dieser grausigen Hetz-Karikatur für mich ein Menetekel vor den Gefahren primitivster Massensuggestion. Denn sie hatte Erfolg. Sie hat uns Deutschen einen wesentlichen Teil unserer Bildungselite genommen, die ja nicht nur katholisch oder protestantisch, sondern eben auch jüdisch war.

Büdingen und die Ersatz-Religion

Das Land Hessen ist reich an idyllischen alten Städtchen. Unter ihnen ist Büdingen eine Perle, lieblich gelegen in den waldigen Ausläufern des Vogelsberges, mit seiner Stadtmauer, seinem mittelalterlichen Prunktor, seinen winkligen Fachwerkstraßen, seinem Schloss. Hier wohnten meine Großeltern mit ihrem Sohn, meinem Onkel Fritz. Er war aus undefinierbaren Gründen zwergwüchsig und deshalb unverheiratet; im großen Eisenwarengeschäft des Ortes, in dem alle Bauern des Landstrichs ihre Geräte kauften, war er der zuverlässige Kassierer. Sein Traum, ein Auto, ist nie in Erfüllung gegangen; er stand auf der Liste für den Erwerb des „Volkswagens", etwa 900 Mark kostend, für alle „Volksgenossen", wofür die große Fabrik in Wolfsburg gebaut worden war; aber der Krieg kam dazwischen, da brauchte man Motoren für andere Fahrzeuge. Mein Großvater hatte keine Träume mehr. Er war Westfale, in jungen Jahren aus dem bigotten Umfeld seiner gutbürgerlichen Familie in Burgsteinfurt ausgerissen, in der Unteroffiziersschule zu Biebrich am Rhein Feldwebel geworden; dort hatte er seine Frau gefunden, und aus dem gärenden Most war, in der Charge eines Eisenbahn-Sekretärs, ein solider alter Ehe-Wein geworden. Ich liebte meinen Opa sehr. In den Sommerferien, oft auch zu Ostern, in Büdingen (Ferienreisen wie heutzutage gab es damals nicht, jedenfalls nicht in unseren bescheidenen Kreisen) machten wir beide lange Waldwanderungen; das Hinhören auf die Natur, wohl auch meine Selbstzufriedenheit habe ich von ihm. Alle Baumarten kannte ich, alle Schmetterlinge; kein Hirschrudel (deren es viele gab im Büdinger Wald) war vor unserem Anschleichen sicher. Langweilig war es freilich manchmal an Regentagen; es gab weniger zu lesen als zu Hause in Wiesbaden. Da war das „Goldene Knabenbuch", einst von der Großmutter - vor dem ersten Weltkrieg - für ihre beiden Söhne angeschafft, mit feinem Goldschnitt auf dem Deckel und pädagogisch erbaulichen Erzählungen im Inneren; und da war eine große Familienbibel. In ihr las ich gern, teils wegen der wunderlichen, oft unverständlichen Geschichten des Alten Testaments, teils wegen der Jesusworte, die mir der Konfirmandenunterricht in der Wiesbadener Lutherkirche nahe gebracht hatte. Meine Großmutter war, wie ich schon erwähnte, hitlergläubig, freilich mit zwei Brechungen: Sie war Mitglied in der „NS Frauenschaft", trat aber eines Tages wegen eines persönlichen Streits mit der örtlichen „Führerin" aus. Da rangierte also das Persönliche vor der Ideologie. Die zweite Brechung: Bei einem Progrom in dem recht braunen Städtchen wollten junge Burschen den alten gehbehinderten Herrn R., der Jude war, mitsamt seinem Rollstuhl in den Seemen-Bach werfen; einige SA-Männer (!) hatten es verhindert. Sie fand das schrecklich und sagte das auch jedem, der es hören wollte.

Da rangierte menschliches Mitgefühl vor der Ideologie. Das war wohl, wenn man derartiges selbst erlebt hat, schwer auszuschließen; aus solchem Grunde wurde uns ja auch verheimlicht, was mit der deportierten jüdischen Bevölkerung in Wirklichkeit geschah. Zurück zu dem kleinen Enkel, der gern in der Bibel las. Eines Tages kam die Großmutter in das Zimmer, nahm sie ihm ab und sagte: „Glaube an den Führer!"

Das war so nachhaltig, dass ich es heute noch reflektiere. Es scheint mir exemplarisch: In weiten Kreisen der Bevölkerung bedeutete damals der Glaube an Hitler mehr als der an die traditionellen Werte des Christentums. Die Säkularisierung hatte schon erhebliche Fortschritte gemacht, und dazu kam die „Volkserziehung" durch die Medien, durch Presse und Rundfunk. Vom „Glauben an Deutschland" sprach man schon in den 20er Jahren des 20. Jahrhunderts:

„Du sollst an Deutschlands Zukunft glauben,

an deines Volkes Aufersteh`n ..."

Diese Aufforderung war nach der Wucht der Niederlage von 1918 nicht unverständlich; mit der Machtentfaltung der Nationalsozialisten wurde sie personifiziert durch das Gebot, an Hitler zu glauben, deren Parteivorsitzenden. Er war für große Teile unseres Volkes schon zu einer Heilandsfigur geworden, der sie aus Arbeitslosigkeit und Wirtschaftsnot zu führen versprach. Vollends, als er nach Hindenburgs Tod das

Amt des Reichspräsidenten abschaffte und sich zum „Führer und Reichskanzler" ernannte, wurde er von den Massen zu einer Art Gottvater überhöht (wie sein finsterer Kollege in Moskau, Väterchen Stalin). Säkularisation christlicher Glaubensinhalte war überall anzutreffen, besonders in den Liedern, die wir zu singen hatten (im „Jungvolk" und auch in der Schule), wie in:

„Führer, wir rufen dich an,

Führer, trage die Fahne voran ..."

die korrekte Epiklese einer Gottheit, wobei das heilige Symbol gleich mit genannt wird, die Fahne, dessen auch eine Pseudo-Religion bedarf. Wurde bei den häufigen Aufmärschen eine solche Fahne vorübergetragen, musste man strammstehen und die Rechte zum Hitlergruß erheben. Ich habe nie jemanden gesehen, der das nicht tat. Es gab sogar Leute, die den Fahnengruß vor einem kleinen Jungvolk-Wimpel vollzogen; sie wussten zwar nicht recht, ob man den auch grüßen müsse, wollten aber keine Scherereien.

Über die damaligen Verhaltensweisen der wirklich religiösen Menschen in unserem Land gibt es eine Fülle von Literatur. Die Nationalsozialisten hatten einen großen Teil der Evangelischen auf ihre Seite gezogen, die „Deutschen Christen", die in ihren Gottesdiensten wohl besonders inbrünstig für ihren großen Führer beteten, dass er seinem

Volk das Glück bringen möge; was er dann ja auch getan hat. In Büdingen muss es damals heftige Auseinandersetzungen zwischen jener Mehrheit der „Deutschen Christen" und der Minderheit der „Bekenntniskirche" gegeben haben, die sich der Vereinnahme durch den neuen Heiland widersetzte. Ich habe davon nur Undeutliches mitbekommen, war noch zu jung; hatte aber wohl, aufgrund meiner Bibellektüre, ein dunkles Gespür dafür, dass eine Ersatz-Religion einziehen sollte.

Der „Führer" kommt

Die Stadt ist im Ausnahmezustand: Geschäfte sind geschlossen, Betriebe haben frei gegeben; Menschen strömen zum Hotel „Rose" - dort ist, wie schon mehrfach, Hitler abgestiegen. Auch die Mutter mit dem Buben, er mag zehn oder elf Jahre alt sein, läuft mit den anderen mit. Sie ist nicht hitlergläubig wie die Großmutter in Oberhessen, eher ein unpolitischer Mensch, wie wir heute sagen würden. Aber das Wort „unpolitisch" passt nicht recht in jene Zeit, wo es keine Möglichkeit der Stellungnahme zu den Varianten politischen Lebens gab. Man konnte damals f ü r Hitlers „Bewegung" sein (so die eine Großmutter) oder dagegen (wie die andere). Oder man stimmte einfach der Entwicklung der Dinge zu, wie sie abliefen, mal bejahend, mal (innerlich) ablehnend, wie wohl die meisten, die „Mitläufer", wie man sie später nannte. Also die Mutter lief mit, mit den vielen anderen, zum Hotel „Rose"; es war halt ein spannender Event, wie man das heute nennt. Kranzplatz, Kochbrunnenanlagen, Taunusstraße: alles schwarz von Menschen. Viele junge Frauen mit glänzenden Augen, auf die Fenster, auf den Balkon blickend, wo ihr Idol sich sehen lassen sollte, bereit zu brünstigen „Heil"-Schreien, wenn Er erschien. Sogar der Bub hatte ein erhebendes Erlebnis, an das er sich besser erinnert als an das schließliche Auftauchen von Kopf und Brust des braun gekleideten Zauberers aus Braunau, der nur Spinat mit Ei aß und Wasser dazu trank, wie sein Volk raunte. Der Bub stand unter den Massen auf der Taunusstraße, als plötzlich eine Gruppe schwarzer SS-Leute angestürmt kam, die Leute auf dem Trottoir auseinandertrieb, eine Gasse bildete und eine Absperrkette. Da sah er, dass er vor einer Garageneinfahrt gestanden hatte, auf der auf einmal ein riesiges, schwarzglänzendes Auto herausglitt: der Wagen des „Führers"! Am nächsten Tag erzählte er stolz in der Schule, wie nahe er dem Auto Hitlers gewesen sei!

An die sonstigen Reaktionen der Massen beim persönlichen Erscheinen des Reichskanzlers kann er sich kaum erinnern, ob sie ihn nicht nur sehen, sondern auch sprechen hören wollten und deshalb jene Abwandlung eines bierseligen Schlagers anstimmten:

„Nach Hause, nach Hause geh`n wir nicht

bis dass der Führer spricht, bis dass der Führer spricht …";

ob SA-Kapellen spielten, ob sonst etwas ihrem Gott dargebracht wurde; geblieben ist ihm von diesem Ereignis her und später von anderen „Kundgebungen" (so nannte man die Aufmärsche von NS- und anderen Formationen, von heil-rufenden Volksgenossen begleitet, zu denen man kommandiert wurde) eine Abneigung gegenüber Massenveranstaltungen jeder Art. Sieht er im Fernseher bei Popkonzerten oder Fußballspielen Zehntausende von Fans jubelnd die Arme schwenken, so erinnert er sich an Tausende zum Hitlergruß erhobener Hände; auch rhythmisches Klatschen, etwa als Beifallsbezeugung im Theater, ist ihm zuwider. Und er denkt darüber nach, wie leicht man Massen begeistern, ihnen das eigene Denken zugunsten eines dumpfen Kollektivbewusstseins nehmen kann, um mit ihrer Hilfe seine Ziele durchzusetzen - wie es alle Diktatoren bisher getan haben. Durfte man damals unter Hitler den heil-rufenden Menschen, deren Urteilsfähigkeit abhanden gekommen war, den Vorwurf machen, sie seien mitschuldig an seinen Verbrechen?

„Es zittern die morschen Knochen
der Welt vor dem großen Krieg ..."

So singen sie, ihre Knochen sind aber nicht morsch, denn im Alter von 11, 12 oder 13 Jahren hat man noch gesunde und bewegliche Glieder. Sie müssen sich viel bewegen im „Geländedienst", marschieren, singen, auch mal auseinander spritzen und sich auf den Waldboden werfen, wenn der Führer „volle Deckung" brüllt. Sie sind „Pimpfe", genannt „Jungvolk", die Jugendorganisation des „Dritten Reiches", für alle 10 - 14 jährige Buben Pflicht. Die Mädchen dieser Jahrgänge sind formiert in den „Jungmädel" mit ihren braunen Kletterwestchen und zumeist blonden Zöpfen. Andere Jugendgruppen gibt es nicht. Jeden Mittwoch und jeden Samstag ist nachmittags „Dienst", da durfte es keine Schulaufgaben geben; samstags für die Pimpfe meist Geländedienst, das heißt: vormilitärische Ausbildung. Flink wie Windhunde, zäh wie Leder, hart wie Kruppstahl sollen sie werden, die rassebewussten Träger der „Neuen Zeit"; alles Leben für den „Führer". Ich musste meinen Geländedienst meist auf dem breiten Waldweg zur „Fasanerie" hin überstehen. Oft dachte ich dabei, wie viel schöner es wäre, ohne diese dämliche Uniform (Braunhemd, kurze schwarze Hose, Schulterriemen, Koppelschloss) allein mit meinem Opa durch den Büdinger Wald zu streifen und Hirsche zu beobachten. Dabei gehörte ich einem sozusagen privilegierten „Fähnlein" (entsprach etwa einer Kompagnie bei den Soldaten) an, dem „Fähnlein SP", einer Sing- und Spiel-Einheit, die hauptsächlich aus Oberschülern (heute: Gymnasiasten) bestand, die ein Instrument beherrschten oder gut singen konnten.

Jetzt befiehlt der Jungzugführer ein anderes Lied: „Wenn die bunten Fahnen wehen, geht die Fahrt wohl übers Meer ..." Damals wusste ich natürlich nicht, dass dieses Lied zu denjenigen gehörte, welche die „Hitlerjugend" der Bündischen Jugend der 20er Jahre gestohlen hatte. Ich liebe es, habe es auch meinem kleinen Enkel vorgesungen, zusammen mit anderen Liedern, die ich von meinem Bruder, einem begeisterten Pfadfinder der Jahre nach dem Krieg, als die in der Hitlerzeit verbotenen Jugendbünde neu gegründet wurden, kennengelernt hatte. Das bündische Wesen ist jetzt, im 21. Jahrhundert, sehr auf dem Rückzug begriffen, was ich für bedauerlich halte. Man sagt, heutzutage sei die Jugend so sehr mit den elektronischen Kommunikationsmitteln

(Internet, Handy, Smartphone usw.) beschäftigt, dass sie an der viel natürlicheren Kommunikation etwa in einer Pfadfindergruppe kein Interesse mehr habe. Kann sich ein junger Mensch unserer Zeit noch ein Leben ohne Handy, Internet, Fernseher vorstellen? Ich erinnere mich, wie Mitschüler von mir einen anderen verlachten - es muss vor dem Krieg gewesen sein - als der erzählte, sein Vater sei bei einem Projekt tätig, über eine Antenne so wie Radioklänge auch Bilder empfangen zu können. Wir hielten das für ganz und gar unmöglich und den Knaben für einen Aufschneider. Es waren aber die Anfänge des Fernsehens.

Zurück zum Leben des Pimpfen. Mit dem Geländedienst an den Samstagen tat ich mich schwer. Ich war ein auf Abstand bedachter Einzelgänger, unsportlich, saß lieber zu Hause und las oder spielte mit meinem kleinen Bruder. Oft ließ ich mir von meinen Eltern für den Dienst am Samstag eine Entschuldigung schreiben; das musste man so, ganz wie in der Schule. Mittwochs ging es gemütlicher zu. Da war meist Dienst in irgendeinem Klassenzimmer. Man wurde belehrt über die Vorzüge der „nordischen Rasse", über die Ruhmestaten des deutschen Volkes, wie seine Erfinder und Techniker die Welt beglückt, wie heldenhaft die Deutschen im Ausland ihr „Volkstum" gegen alle Feinde behauptet hätten. Germanische Mythologie und Sagenwelt hatten wir zu kennen,

Odin und Baldur, Siegfried und Kriemhilde; und vor allem den Mythos des uns von der „Vorsehung" (die er oft im Munde führte) geschenkten „Führers": seinen Lebenslauf musste man auswendig hersagen. Es wundert mich manchmal, dass ich bei all diesem Beschuss kein kleiner Nazi geworden bin. Vielleicht verdanke ich das einerseits meinem Elternhaus, vor allem meinem Vater, und andererseits einer frühen Abneigung gegen Geschwafel und Geleiere, das mich auch jetzt noch, im Zeitalter einer ungesunden Überflutung durch alle Arten von Informationen, überaus medienkritisch macht.

Im „Jungvolk" ging man auch gelegentlich „auf Fahrt". Auch dies war eine Übernahme von der „Bündischen Jugend" der Zeit vor Hitler. Schön muss es gewesen sein, damals, vor 1933, in weitgehender Freiheit von zivilisatorischen Zwängen und bürgerlicher Beengtheit lange Wanderfahrten zu machen, mit der Klampfe auf dem Rücken und Liedern auf den Lippen wie:
„Wir sind durch Deutschland gefahren
vom Meer bis zum Alpenschnee,
wir haben noch Wind in den Haaren ..."
Freilich konnte sich dabei schon eine Vergötzung des Vaterländischen breitmachen, an welche die Nazis anknüpften. Und sie unterwarfen das Wanderwesen ganz ihrer Ideologie und vormilitärischem Drill, so dass bei allem der Zwang herausschaute. Ich hatte keine Lust auf Fahrt oder Lager, und

so glückte es - mit Hilfe meiner Eltern - dass ich nur ein einziges Mal „mit" musste. Es war eine Wochenend-Fahrt, bei der es darauf ankam, dass der Pimpf einmal bei linientreuen Volksgenossen zu übernachten hatte. Aber statt in den Taunus, Hunsrück oder Odenwald marschierten wir lediglich ein paar Kilometer aus der Stadt heraus in das Dorf Georgenborn und sollten unsere Quartiergeber anschwindeln, wir seien aus Darmstadt. Ob ich das auch getan habe, weiß ich nicht mehr; ich erinnere mich lediglich daran, wie missmutig ich in dem fremden Bett lag und wie stumm ich am Frühstückstisch der Leute saß, auch wegen meiner übergroßen Schüchternheit. Im Zusammenhang damit steht eine Episode voll von Komik. Ich habe nur einmal in meinem Leben Theater gespielt, und zwar damals als Pimpf, nämlich einen Jungen, der sich gegen seine Eltern auflehnt, weil sie ihn - n i c h t auf Fahrt gehen lassen wollen! In der Literaturwissenschaft gibt es den Begriff der „tragischen Ironie"; meinen damaligen Auftritt muss ich heute als „komische Ironie" verstehen, wie ich temperamentvoll auf der Bühne auf meinem Willen bestand, m i t auf Fahrt zu gehen, während ich in Wirklichkeit mich davor drückte. Einer meiner Führer, der meine Unlust kannte, meinte, sie hätten mir diese Rolle zugeschanzt, um mich zu bekehren.

„Haltet euer Blut rein!"

Im Geschichtsunterricht jener Zeit, soweit es die Geschichte der Antike betraf, stand natürlich nicht die Entstehung der Demokratie in Athen im Mittelpunkt, sondern der Feind dieser Stadt, ihr Gegenpol, nämlich Sparta. Hier gab es die staatstragende Klasse der Spar-tiaten, allein im Genuss des Bürgerrechts, daneben die Periöken, die „Umwohner", ohne dasselbe, und ganz unten die Arbeitenden, die sklavenähnlichen Heloten. Die Spartiaten hatten sich tagsüber im Kampf zu üben, im Männerhaus aufzuhalten und ihre kräftigende Blutsuppe zu essen; ihre Jungen absolvierten zeitweise ein sehr praktisches Training, wenn den Heloten der Krieg erklärt wurde und sie manche von diesen Untermenschen erlegen durften (Verluste wurden durch Kriegsgefangene wieder ausgeglichen). Dieser Staat war ein Vorbild für unsere NS-Ideologie. Die Spartiaten hatten wir uns hochgewachsen, muskelstark und blond vorzustellen, echt nordische Rasse, die Heloten entsprechend klein, krumm und schwarz, zur Sklavenarbeit wie geschaffen. Soweit der Geschichtsunterricht. Die eigentliche „Rassenkunde" gehörte aber in den Biologieunterricht; der hatte deshalb einen hohen

Stellenwert. In unserem Biologiebuch waren alle „Rassen"
dieser Welt in schönen Bildern dargestellt, natürlich schwarz-
weiß; allen voran der „nordische" Mensch, blond, markig
usw.; ihm folgte in der Wertung die „fälische Rasse", denn
West- und Ostfalen waren ja auch ziemlich nordisch.
Vergleichsweise positiv war auch die „dinarische Rasse" der
knorrigen Alpenbewohner. Was dann kam, war weniger
empfehlenswert; unter den Deutschen gab es leider noch zu
viele vom „ostischen" Typ, die kleinen rundlichen Pykniker mit
ihren gemütlichen Schmalzaugen. Ganze Völker wurden
diskriminiert wie die Franzosen und die Portugiesen; beide
hatten zu viel „Negerblut" in sich aufgenommen, besonders
die letzteren. Je schlauer ich in der „Rassenkunde" wurde, um
so besser begriff ich, was einer unserer Sportlehrer einmal
sagte. Er war einer der beliebtesten der Studienräte, hieß
allgemein nur „HG", ein Kürzel für seinen Familiennamen und
weil er für das „Humanistische Gymnasium" schwärmte. Ich
erinnere mich noch sehr gut, wie er in der Turnhalle uns
aufforderte „Haltet euer Blut rein!" Lange verstand ich das
nicht, fragte mich, ob ich denn schmutziges Blut hätte, und
witterte gar, wir sollten uns nicht mit irgendwelchen Mädchen
abgeben (mit denen wir ja, in unserer Jungenschule, keine
Erfahrung hatten). Schließlich wurde klar, dass er sein
Scherflein beitragen wollte für die „Aufnordung" des

deutschen Volkes - als wären wir schon im fort-
pflanzungsfähigen Alter gewesen!

Eine ähnliche Aufforderung erging an anderer Stelle von einer
höheren Charge aus. Das „Reich" war damals eingeteilt in
„Gaue" der NSDAP, die manchmal parallel, manchmal sie
überschneidend zur politischen Territorialordnung der Länder
standen. Bei uns gab es den „Gau Hessen-Nassau", der sowohl
das preußische ehemalige Nassau als auch das Land Hessen-
Darmstadt umfasste. Unser „Gauleiter" hieß Sprenger, von
dem man hinter verschlossener Tür raunte, er funktioniere
nur, wenn er voll sei (wie die Wäschesprenger, mit denen man
die Wäsche beim Bügeln befeuchtete). Er funktionierte
einmal, ich weiß nicht zu welchem Anlass, im
„Paulinenschlösschen" (über der Taunusstraße, dem Kurhaus
gegenüber) vor dem dort versammelten Wiesbadener Jungvolk
und ermahnte uns in seiner Rede: „Kraftstrotzend sollt ihr sein,
und Kraftstrotzende sollt ihr zeugen!" Diese animalische
Direktheit in jener prüden Zeit blieb noch lange ein
erheiterndes Gesprächsthema bei Wiesbadens
pubertierendem Nachwuchs - eben von einem vollen
Sprenger.

Hart wie Kruppstahl sollten wir ja werden, ich zitierte es schon,
und flink wie ein Windhund; ich habe es nie dazu gebracht.
Der Sport war im gymnasialen Unterricht ein Hauptfach,

„Leibesübungen" genannt; einmal wäre ich wegen mangelhafter Leistungen darin beinahe nicht versetzt worden, hätte ich nicht Ausgleich in Latein gehabt. Der Sportlehrer hatte seine liebe Not mit mir, ich hing wie ein Sandsack unten an der Kletterstange. Die Turnhalle mit ihren Folterinstrumenten wie Reck und Barren war mir ein Gräuel. Auf dem Sportplatz draußen war´s besser; im Weitsprung war ich garnicht so schlecht. Trotzdem musste ich Nachhilfeunterricht in Leibesübungen bekommen, bei einem damals in Wiesbaden bekannten Sportsmann; meine Eltern wollten ja nicht, dass ich „sitzen bliebe". Auch beim Schwimmenlernen musste nachgeholfen werden. Die Turn- und Schwimmlehrer haben mich freilich immer rücksichtsvoll angefasst, auch meine Klassenkameraden, ohne Hänseleien, vermutlich weil ich still und kameradschaftlich war. War der Sport in meinem persönlichen Bereich für mich eine problematische Angelegenheit, so bedeutete das nicht, dass man kein Interesse für den damaligen deutschen Spitzensport gehabt hätte: unsere großen Rennfahrer waren damals in aller Munde, Rudolf Caracciola auf Mercedes und Bernd Rosemeyer auf Auto-Union, die Idole aller Buben, und natürlich Max Schmeling, unser Boxweltmeister. Vollends die Berliner Olympiade von 1936 hatte uns Deutsche begeistert, auch wenn Hitler ein Gesicht zog, weil Jesse Owens, ein Farbiger, allen reinrassigen Sprintern davonlief. An den Fußball jener Jahre habe ich keine Erinnerung mehr; er stand nicht so sehr im Mittelpunkt des Sportgeschehens wie heute, und mich hat er nie interessiert; ich habe nicht einmal alle Regeln dieses Spiels im Kopf, zweifellos eine Bildungslücke.

Aufmärsche

„Wenn die Soldaten durch die Stadt marschieren, öffnen die Mädchen die Fenster und die Türen", so hieß es in einem beliebten Lied, doch auch die Buben strömten herbei, um die Uniformierten zu sehen und die Marschmusik zu hören. Selbst für die Älteren ist so ein Aufzug interessant. Heute kommen wir selten zu einem Genuss dieser Art, es sei denn, beim Fastnachtszug; da aber um so kräftiger. Die Fronleichnamsprozession war zwar etwas ganz anderes, aber meine Großmutter nahm mich Buben öfter mit zum Zuschauen. Jene ging von St. Bonifatius, der katholischen Hauptkirche unserer Stadt, über Moritz-, Adelheid- und Adolfstraße zurück zum Luisenplatz; ich wundere mich, dass sie unter unserer braunen Regierung überhaupt gehen durfte. Wir standen meist in der Adelheidstraße. Wenn das

Allerheiligste vorbei getragen wurde, nahmen die Männer die Hüte ab, manche bekreuzigten sich; für mich als Protestanten ungewohnt, aber von einer eigentümlichen Faszination. Schon damals meinte ich wohl, uns Evangelischen fehle etwas; später las ich, dass bedeutende Theologen dieser Kirche sich gelegentlich in katholische Gottesdienste geschlichen hätten, um dort das „Numinose" zu finden. Nicht alle suchten das , die da am Weg standen; einmal machte meine Großmutter mich voller Entrüstung auf einen SA-Mann aufmerksam, der seine braune Schirmmütze nicht abgenommen habe. Sie mochte ja die Braunen nicht. Dagegen freute sich ihr Enkel, wenn eine solche Kolonne mit Marschmusik durch die Straße zog. Noch mehr beeindruckte es den Buben, wenn die schwarze SS mit ihrer Kapelle daher kam, lauter nordisch-blonde Hünen mit einem riesigen Schellenbaum; der muss die Hauptattraktion für mich gewesen sein. Man konnte sich kaum vorstellen, was für ein Lärm es gegeben hätte, wenn der einmal umgefallen wäre. Und doch kursierte ein Witz, den man sich hinter vorgehaltener Hand erzählte. Hermann Göring, die wichtigste Person im Reich nächst dem „Führer", war bekannt durch seinen Leibesumfang und die zahlreichen Orden, die ihm an Brust und Bauch klimperten. Bei einer großen Parade soll es ein furchtbar schepperndes Getöse gegeben haben. „Ist der

Schellenbaum umgefallen?"   „Nein, schlimmer, der Herr Reichsmarschall!"

Einmal bekam ich sehr nahen Kontakt zur schwarzen SS (das war Abkürzung für „Schutz-Staffel", die in den manchmal blutigen Parteikämpfen in der Weimarer Republik die Veranstaltungen der Nazis schützen sollte). Uns Jungvolk-Buben wurde befohlen, zum nächsten „Dienst" einen Groschen (= 10 Pfennige) mitzubringen. Man muss wissen, dass damals kaum ein Sonn- oder Feiertag verging, ohne dass für irgendetwas auf den Straßen gesammelt wurde, für das „Winterhilfswerk", für den „VDA" (Volksbund der Deutschen im Ausland), für andere - angeblich - karitative Zwecke (vermutlich ging alles Geld in Hitlers Rüstung); straßenauf und straßenab rasselten die Sammler, manchmal auch hochgestellte Funktionäre, mit ihren Sammelbüchsen. Also trat auch einmal der „Jungstamm Wiesbaden" vor dem Kurhaus an, jeder mit einem 10-Pfennig-Stück, formierte sich zu einer unendlich langen Einer-Reihe und paradierte solchergestalt vor einer schwarzen Gruppe von SS-Männern, in deren Mitte einer stand, in dessen Sammelbüchse man seinen Groschen zu werfen hatte. Ich sehe mich noch heute mit einem leichten Angstgefühl zu diesen schwarzgekleideten Riesen aufblicken; der mit der Sammelbüchse trug eine schmale Brille vor seinen kalten Augen, ich hüpfte eilig an ihm vorbei. Es war aber der „Reichsführer SS" gewesen, Heinrich Himmler.

Leuchtplaketten

Der Beginn des Krieges am 1. September 1939 brachte spürbare Veränderungen in unser Leben. Am meisten fühlbar war die Verdunklung: alle Lichtquellen mussten so abgedichtet sein, dass auch nicht der geringste Schimmer nach außen drang. Auch die Straßenbeleuchtung fiel weg. Für mondlose Nächte oder solche mit dunkler Wolkendecke konnte man sich phosphoriszierende Ansteck-Plaketten kaufen, sie halfen dazu, dass man sich sah und nicht gegeneinander rannte. Für Kinder war das recht spaßig, und auch wer sich für die Sterne interessierte, kam nachts auf seine Kosten; ich habe nie wieder die Milchstraße so klar gesehen wie damals. Mein Traum war, ein astronomisches Fernrohr zu besitzen; aber auch die optische Industrie war ganz auf Kriegslieferungen eingestellt, und es gelang mir nur noch, einen Linsensatz zu ergattern, aus dem ich mit Pappe ein Fernrohr baute, mit dem ich aus dem Dachfenster heraus sogar die Monde des Jupiter sehen konnte. Eine weitere Veränderung war das Verschwinden der Autos und der Männer: beide wurden „eingezogen", beide zum

Kriegsdienst. Wir hatten kein Auto, also spürten wir das nicht; aber mein Vater, damals 46 Jahre alt, musste zur „Musterung", das heißt, er musste nackt vor einem Stabsarzt und seinen Mitarbeitern paradieren und seine Verwendungsfähigkeit zum Kriegsdienst prüfen lassen. Eine harte Nuss für den Stabsarzt, denn wir waren und sind eine sehr friedfertige Familie. Mein Vater war ein Meister im Tricksen. Er hatte schon im ersten Weltkrieg Soldat spielen müssen, war mit seiner Einheit damals an die österreichische Armee überstellt worden und an der Karpatenfront eingesetzt. Sehr viel hat er uns Kindern davon nicht erzählt (er war auch verschüttet worden), nur dies eine: wie er auf Wache einmal eine Kuh angeschossen hatte. Diese Geschichte wollten wir immer wieder hören. Es passte zu ihm: sein Vater hatte ihm ans Herz gelegt, auf keinen Menschen zu schießen, und auch ich habe mich daran gehalten. Wackere Krieger! Er hat sich dann fast blind (er war nur kurzsichtig) und sehr dumm gestellt und ist nach Wien ins Lazarett gekommen; dort hat er einmal mit seinen Kameraden im Schloss Schönbrunn dem alten Kaiser Franz Joseph vorgesungen.

Zurück zum September 1939. Die Frauen übernahmen das Kommando, als die meisten Männer eingezogen wurden (mein Vater durfte bleiben, wer weiß mit welcher Finte). Der „Luftschutz" wurde organisiert, in jedem Mietshaus; der

Schutzkeller wurde ausgebaut, und jeder im Haus bekam seine Aufgabe. Meine Mutter wurde „Hauswart"; in Kursen wurde sie unterwiesen, wie man auf dem Dachboden Brandbomben löscht und Feuer erstickt. Später, im „Ernstfall" am 2. Februar 1945, half das alles nicht. Damals, im September 1939, rechnete man noch nicht mit Angriffen feindlicher Flieger, zumal der „Reichsmarschall" Herrmann Göring versichert hatte, wenn so ein Flugzeug über die deutschen Grenzen eindringen könne, wolle er „Meier" heißen. Er hieß gar bald Meier.

In den folgenden Jahren gab es immer häufiger Fliegeralarm, meist nachts. Wenn das ohrenbetäubende Geheule der „Sirenen", die auf manchen Dächern installiert waren, in Intervallen ertönte, musste man in den Keller; durchgehender Ton bedeutete „Entwarnung", man durfte wieder in die Wohnung. Das Radio meldete, wenn feindliche Flieger die Region anflogen; dazu war Radio zu hören dienlich, auch wenn man sonst auf die häufigen Siegesmeldungen im Anfang des Krieges, später auf die Durchhalteparolen verzichten wollte. Ausländische Sender abzuhören war streng verboten; wurde man erwischt oder denunziert, konnte man damit rechnen, nachts abgeholt zu werden. Mit dem Fortschreiten des Krieges verbrachten wir immer mehr Nachtstunden im Keller; dort traf sich dann die „Hausgemeinschaft" auf den Stühlen, die da standen. Ein Köfferchen mit den wichtigsten Habseligkeiten musste man mitbringen. Ein pensionierter Priester aus dem 1. Stock trug immer ein kleines Kästchen mit sich, „meine Juwelen", sagte er scherzend. Dass das eine geweihte Hostie war, wurde mir erst später klar. Einmal, als wir das Donnergrollen ferner Bombenabwürfe hörten, sagte mein Vater in die angstvolle Stille hinein: „Jetzt sitzen wir hier und warten auf unseren Tod." Das drückte ganz die Stimmung in jenen Nächten und Tagen aus, jedenfalls die der Erwachsenen. Kinder konnten dem Luftschutzkeller sogar Lustiges abgewinnen, wenn der Fliegeralarm am Morgen mitten im Unterricht kam.

Was den Buben vielleicht am meisten innerlich bewegt hat, das war, kurz vor Kriegsbeginn, der Pakt, den Hitler mit Stalin schloss. Eine bisher fest gefügte Betrachtungsweise brach auseinander: Kommunisten waren, auch wenn man kein kleiner Nazi war, des Teufels. Und jetzt sah man im Bild der Zeitung Außenminister Ribbentrop und Stalin ganz friedlich nebeneinander. Meine Mutter meinte, der sehe doch eigentlich ganz nett aus in seinem weißen Jäckchen. Die nette Zeit dauerte auch kaum zwei Jahre (genüsslich wurde Polen aufgeteilt, zum vierten Mal innerhalb der beiden letzten Jahrhunderte), bis zum Juni 1941; da zog Hitler nach Moskau, und das ging schief wie 1812. Der Bub aber hatte für sein ganzes Leben ein Muster politischer Hinterhältigkeit kennengelernt.

Erlebnis Ostsee

Ein Onkel, Bruder meiner Mutter, Bahnbeamter in Ludwigshafen, hatte sich 1940 in das okkupierte polnische Gdynia, damals „Gotenhafen", versetzen lassen, wegen besserer beruflicher Aussichten. Wir, meine Mutter, mein Großvater und ich, besuchten ihn. Endlos lange Bahnfahrt von Büdingen über Gießen zunächst nach Berlin; dort Übernachtung bei Verwandten. In der Erinnerung geblieben ist mir die erste Verkehrsampel, die ich je sah; das war wohl das einzig Imponierende an der „Reichshauptstadt". Dann die zweite endlose Fahrt zum Zielort im „Reichsgau Posen-Westpreußen". Dabei empfand der 14jährige erstmals landschaftliche Schönheit: Hinterpommern mit waldigen Höhenzügen, fast wie im heimischen Taunus, und blauen Seen. „Gotenhafen" war eine moderne Retorten-Stadt, von den Polen als ihr einziger Seehafen gebaut (Danzig war damals

Freie Stadt unter dem Völkerbund). Entsprechend wohnte die Familie meines Onkels in einem weißen Neubau mitten im Zentrum. Es gab zwei Cousinen, etwas älter als ich, befreundet mit einem sehr jungen Ehepaar, die gern nach Südsee-Rhythmen tanzten. Dazu war ich noch zu jung. Im Hause wohnten auch Polen und Kaschuben. Letztere standen für den rassebewussten Deutschen in der Mitte zwischen Polen und Menschen; mit ihnen sprach man das Notwendige; mit den Polen überhaupt nicht, auch wenn sie Deutsch konnten. Ist es da ein Wunder, dass Danzig jetzt Gdansk heißt?

Ein Ausflug in diese alte Hansestadt gehörte zum Programm. Dort hatte ich mein erstes Architektur-Erlebnis: neben den prächtigen Altstadt-Häusern die Marienkirche. Die riesenhohen weißen Pfeilerhallen. Die Schnitzaltäre. Der Boden voller Grabsteine, auf denen man herumlief. Es war dies die erste der großen „Kathedralen", die ich sah. Ostseegotik; später, nach dem Krieg und nach der Wende, Lübeck, Wismar, Rostock, Stralsund. Auch ihre Vorbilder in Haustein, die gotischen Kathedralen Frankreichs, habe ich später fast alle kennengelernt, von St-Omer bis Narbonne; dann kamen die in England, in Spanien, der Mailänder Dom; selbstverständlich auch die gotische Baukunst in Deutschland. Die französischen sind die wahren Weltwunder: filigrane Riesen-Spitzenkunst in Stein, zur Ehre Gottes hochgebaut und auch zum Ruhm des Bauherrn. Viele Dia-Vorträge habe ich über Gotik gehalten, bin auch ihrer Entstehung nachgegangen; hat sie doch, wie ich glaube, ihre tiefsten Wurzeln in der griechischen Philosophie, im Denken Platons.

Auch die See sah ich dort in „Gotenhafen" damals zum ersten Mal, am Badestrand von Zoppot. Das Hochgebirge erst viel später, in den 50er Jahren. Wir Heutigen können gewaltige Natur jeden Tag haben, im Fernsehbild. Das stumpft unsere Erlebnisfähigkeit ab. Auch wer auf der Autobahn durch die Landschaften rast, gar im Flugzeug von Kontinent zu Kontinent jettet, kennt deren Geschichte nicht mehr, auch nicht deren Geologie. An den Stränden Griechenlands und Siziliens tummeln wir uns ohne den Blick auf unsere Geistesgeschichte, die dort begonnen hat; ohne welche die Technik gar nicht möglich geworden wäre, mit deren Hilfe wir so weit reisen können. Historische Kenntnisse können nicht nur die jeweilige Gegenwart belehren; sie spenden sogar mehr Lebensgenuss.

Bambergs Dom und die Beuys-Phobie

49

Im November 1942 - ich war Schüler der Untersekunda (heute: Klasse 10) - erhielt ich für „sehr gute Leistungen im Zeichenunterricht" vom Oberstudiendirektor den schmalen Band „Der Bamberger Dom" aus der Reihe des Königsteiner Verlags Langewiesche über deutsche Bauwerke, Landschaften usw. Er hatte 45 Bilder, schwarz-weiß natürlich, Text von Wilhelm Pinder. Pinder war ein großer Kenner besonders der mittelalterlichen Plastik, hat die damals grundlegenden Monographien über die Dome von Bamberg und Naumburg geschrieben; sein Bestreben, die deutsche Kunst jener Jahrhunderte vor der anderer Völker herauszustreichen, manches gleichsam hymnisch zu besingen (sein Hauptwerk heißt „Vom Wesen und Werden deutscher Formen"), machte ihn zu einem beredten Verkünder zeitgenössischer Ideologie. Ich wurde aus dem Büchlein belehrt über die Einmaligkeit jener steinernen Gestalten, die dem Bamberger Dom seinen Glanz geben, der Apostel der Ostchor-Schranken, der Maria, der Elisabeth, des „Reiters" zumal, in dem man damals den Höhepunkt staufischer Kunst sah, „mythosgeladen (nibelungisch)" las ich; sie ließen ihre französischen Vorbilder (die stehen bekanntlich an den Westportalen der Kathedrale zu Reims) an deutscher Tiefe weit hinter sich zurück. Sei dem wie es sei mit der deutschen Tiefe; für mich bedeutete dies Büchlein eine weitere erste Begegnung mit großer alter Kunst, nach der mit Architektur in Danzigs Marienkirche nun mit der Plastik. Sie gestaltete sich so intensiv, dass ich sogar ein Gedicht über diese Bamberger Statuen machte (die ich natürlich nur von den Bildern her kannte), in welchem ich sie rühmend von den antiken und denen der italienischen Renaissance abhob. Die Zeilen habe ich vergessen, aber sie waren wohl ganz in dem deutschtümelnden Pathos Pinders gehalten. Später bin ich oft in Bamberg gewesen, ebenso in Naumburg, Magdeburg und Meißen, wo ihre staufischen Brüder und Schwestern stehen; große Kunst ist` s allzumal. Habe auch zur Kenntnis genommen, dass man sie heute demselben französischen Meister-Atelier zuschreiben möchte, das die Reimser Figuren geschaffen hat, als Zweitausfertigung sozusagen; da hätte sich Pinders deutsche Tiefe (ich zitiere seine Worte über die Elisabeth: Sie „ist wirklich Sibylle, nicht Matrone. Jeder Zug an ihr ist grandioses Werden, Flammen, Rauschen") unversehens in das Kräuseln gallischer Oberfläche verwandelt. Schade, es klang so mythosgeladen.

Für mich Buben blieb die Verfestigung eines Kunstempfindens, das sich - in der Plastik wie in der Malerei - gegen die Deformation der menschlichen Gestalt, wie sie heute in der Kunst gang und gäbe ist, zur Wehr setzt. Man muss nicht Sedlmayr zustimmen, der in seinem „Bestseller" von 1950 „Verlust der Mitte" solche Deformation sogar zum geistigen

51

Hintergrund von Auschwitz und Treblinka erklärt hatte, Sedlmayr, der vorher selbst nicht von brauner Einfärbung frei geblieben war - aber Abstraktion in der Kunst überhaupt (sie setzt ja schon in der Malerei des frühen 19. Jahrhunderts mit Turner und Friedrich ein) ist mir schwer zugänglich. Muss man denn, nur weil so viele moderne Künstler von den Nazis verfemt und verfolgt worden sind, seinen Geschmack verbiegen und den Kubismus Picassos und die Klecksographien des N. N. lieben? Symbol für meine Ablehnung ist mir der Künstler Beuys geworden mit seinem Fettstuhl nebst pseudo-philosophischem Geschwätz, vor dem ich ausreiße - meine Beuys-Phobie.

Luftwaffenhelfer

An der Lutherkirche, der Schule gegenüber, werden sie verladen, mit ihrem Gepäck auf Lastwagen. Die Mütter haben ihre Buben hingebracht, eine ganze Untersekunda, Sechzehnjährige, einige sind erst 15; der Krieg braucht sein Futter sehr früh, damals im Februar 1943. Manche finden, was nun kommt, ganz lustig, haben sich sogar darauf gefreut: Man wird unter sich sein, junge Männergesellschaft, frei von Elternzwängen. Auch eine schöne Luftwaffenhelfer-Uniform wird man bekommen, wenn auch noch mit HJ-Armbinde. Da winkt vielleicht schon Kontakt mit Mädchen, den man sonst nicht hat, in einer reinen Jungenschule. Disko, Jugendtreff und dergleichen waren ja unbekannt. Einige meinen beim Abfahren: Leute, jetzt ist unsere Jugend dahin; altklug gesagt, aber im Grunde richtig. Mitschüler Karl B. hatte schon Monate vorher gerufen: „Hoch die Heimatflak, so hoch, dass wir nicht drankommen!" Das war eine leicht defaitistische Äußerung, wie man sie sonst kaum hören konnte, aber es sprach wohl vor allem sein Vater daraus, der, als ehemaliges SPD-Mitglied verfemt, in einem Hinterhaus der Oranienstraße wohnte. Karlchen ist später Redeschreiber des ersten hessischen Ministerpräsidenten geworden; leider ist er viel zu früh gestorben. Auch er war damals guter Laune, als wir verladen wurden, wie alle, trotz weinender Mütter. Die Fahrt war auch nicht lang: nach Mainz in die Flak-Kaserne (nach dem Krieg zog die neu gegründete Universität hier ein); dann ging es zurück - nach Wiesbaden.

Die Stellung der Flak-Batterie (Flak ist die Abkürzung für Flieger-Abwehr-Kanone) lag hoch über der Stadt, auf dem Hainerberg, südlich von der Bierstadter Warte; die Baracke der Luftwaffenhelfer war die äußerste, höchstgelegene, tief in den Ackerboden eingesenkt, wie alle anderen. Ringsum Felder; die Unterkünfte waren auf der einen Seite des Hauptwegs aufgereiht, auf der anderen standen in ihren großen Erdlöchern die Geschütze, 8,8 Flak. Eine Art Mehrzweckwaffe, gerühmt wegen ihrer Wirksamkeit; man hätte damit auch feindliche Panzer abschießen können, oder die Schule in Brand setzen. Die lag nämlich in Sichtweite unten in der Stadt, und manche hatten ihren Spaß an der Vorstellung, sie könnten das mit der Kanone tun. Das Leben „auf der Batterie" war für uns 16jährige, zwischen Kind und Mann, in einer reinen Männergesellschaft, nicht unlustig. Da man schon früher im Jungvolkdienst und auch in der Schule gelernt hatte, soldatische Tugenden als die höchsten Werte zu betrachten, fiel Disziplin nicht schwer. Aufbegehren konnte es da nicht geben, selbst in jenem kritischen Alter. Nur wenn es einen der ausbildenden Unteroffiziere aus dem Gefühl einer gewissen Inferiorität gegenüber den Gymnasiasten gelüstete, uns etwas schärfer heranzunehmen, dann versuchten wir ihn zu ärgern, wie manchmal einen Lehrer im Unterricht. Ich erinnere mich, wie wir einmal den Feldweg hoch marschierten und so taten, als hörten wir die Kommandos des Ausbilders nicht mehr; immer weiter marschierend, amüsierte das krebsrote Geschrei des armen Mannes. Man musste mit Luft-waffenhelfern einigermaßen schonend umgehen, zumal es unter den Vätern meiner Klassenkameraden einige hohe Offiziere gab. Da konnte gelegentlich der Dienstweg umgangen werden, und unser Batteriechef musste den Kopf einziehen. Der residierte in einem schönen hölzernen Bungalow am unteren Ende seiner Batterie, mit gepflegten Vorhängen hinter den Fenstern - eine Art Gott, den man nur selten zu sehen bekam. Begegnete er einem bei einer seiner Epiphanien, stand alles stramm und grüßte, auch der Spieß. Ein gnädiger Gott; er galt als umgänglich und war beliebt. Nach dem Krieg ist er in Wiesbaden Richter gewesen. Ein noch höherer Gott war der Abteilungskommandeur (eine Flakabteilung umfasste mehrere Batterien), ein Major. Er kam einmal zur Visite, und auf die strammstehenden und tagelang auf solch hohen Besuch vorbereiteten Luftwaffenhelfer machte es einen nachhaltigen Eindruck, als er zum „Rührt euch" aufforderte mit „O i bitt` schön, mochen s` woiter" in tadellosem Wienerisch, und man war gerührt über diesen zwanglosen österreichischen Ton, der so ganz im Gegensatz stand zu unserer preußisch orientierten Kommandosprache. Es gab in der Batterie auch einen Unter-Gott, einen Leutnant, bebrillt und vom Habitus eines Sektreisenden. Er gab uns gelegentlich Instruktionsstunden, und mir klingt noch im Ohr seine Ermahnung, ein deutscher Offizier sei kein „sektsaufender Fatzke"; das war wohl eine Art von Freudschem Selbstporträt ...

Der tatsächliche Herrscher über die gesamte Truppe war der Hauptwachtmeister, wie überall, der „Spieß" genannt, ein

Mann mit Berliner Schnauze und auch mit Berliner Herz. Unangenehme Seiten habe ich an ihm nicht beobachtet. Für uns Luftwaffenhelfer im besonderen zuständig war Wachtmeister E., aus der Region stammend, wie seine Sprache verriet, und jugendpsychologisch nicht so unbedarft wie niedrigere Chargen unter unseren Ausbildern. Ich bewahre ihm ein ehrendes Andenken; er soll noch am letzten Tag der Gefechte, als die Amerikaner über den Rhein setzten, gefallen sein. Dagegen tat sich einer der Unteroffiziere, mit denen wir es manchmal zu tun hatten, als „Schleifer" hervor. Man wusste, er war im Privatleben Malergeselle gewesen. Hänschen B., Sohn eines pensionierten Regierungspräsidenten, gab seinen Rachephantasien freimütig Ausdruck: „Den bestellt mein Vater mal zu uns zum Anstreichen, da kann er was erleben!" Auch der Obergefreite M., Bauernsohn aus dem Pfälzer Hinterwald, litt gelegentlich an einem Kompensations-Stau. Er war eigentlich gutmütig; aber wenn er den U. v. D. (Unteroffizier vom Dienst) zu geben hatte und ihn einer der Herren Gymnasiasten gerade geärgert hatte, konnte er schreiend „raus aus de Bääden" und „rein in die Bääden" lustige Bettgymnastik mit dem jungen Volk veranstalten, das dann - leicht beweglich, wie es mit seinen 16 Jahren war - amüsiert heraus und wieder hinein hüpfte. Seine Drohung: „Dann robben mer dorch de Botterie, dass de Drillich in Fetzen geht" hat er nie wahr gemacht. Mit Luftwaffenhelfern musste man eben sorgsamer umgehen, und mit dem Drillich, unserer weißlichen Arbeitsuniform, im vorletzten Kriegsjahr auch.

Süße Nudeln

Es gab auch Untermenschen auf der Batterie - solche jedenfalls gemäß der damals gewünschten Vorstellungsweise: russische Kriegsgefangene. Sie hatten, streng bewacht, alle möglichen Arbeiten zu verrichten. Sie stanken, wenn man an ihrer Baracke vorüberging, nach ihren Ausdünstungen, denn sie waren elend eng zusammengepfercht, und vor allem nach Machorka, jenem unsäglichen Kraut, aus dem sie ihre Zigaretten drehten. Unsere Luftwaffenhelfer-Baracke war dagegen ein Luxus-Wohnheim! Einmal erlebten wir, wie der schon genannte Unteroffizier K., der forsche Schleifer, vor einigen von ihnen mit der Pistole herumfuchtelte; ein kräftiger Weißblonder war aufmüpfig geworden. Was dabei passierte, weiß ich nicht mehr; wir nahmen innerlich wohl alle Partei für den Russen. Kontakte mit ihnen waren selbstverständlich verboten, außer dem unumgänglichen beim Essenfassen.

57

Denn die Russen herrschten in der Küche, als Köche und Küchenpersonal. Besonders einer, eine Art von Ober-Iwan (alle nannte man „Iwan"), hatte es uns angetan. Wenn es „süße Nudeln" gab, unser Leibgericht (Nudeln in süßer Magermilch gekocht), rief er strahlend der hungrigen Bubenschar zu „süße Nüdeln, süße Nüdeln" und teilte jedem ins Kochgeschirr ordentlich aus. Auch ihm bewahre ich ein ehrendes Andenken und hoffe, er konnte nach dem Krieg im Land seiner Gefangenschaft bleiben; ein Wiedersehen mit der Heimat brachte damals, in der Sowjetunion, seinen Kameraden oft den Tod.

Liebe und weniger liebe Besucher

Es gab auch Besucher bei uns oben in der Batterie, die einen heiß ersehnt, die anderen nicht so gerne gesehen. Die letzteren waren unsere Lehrer. Wir waren ja nebenbei auch noch Schüler und mussten eine Restversorgung mit Unterricht über uns ergehen lassen: Deutsch, Mathematik, Englisch, Latein auf jeden Fall. Die Lehrer kamen von der Schule hoch gelaufen, am Hauptbahnhof vorbei, einen breiten Feldweg bis zum Hainerberg. Öffentlichen Nahverkehr gab es da nicht, natürlich auch kein Auto. Heutzutage wäre das eine unmögliche Zumutung - wie für jetzige Generationen das ganze damalige Leben. Und was empfing diese älteren Herren oben „auf der Batterie"? Ein kleines Nebengelass in der Baracke, mit Holztischen, Stühlen, einem Lehrertisch und fünfundzwanzig uniformierte Schüler, die wenig Lust hatten auf Kurvendiskussionen und gesinnungsfördernde Gedichte. Was für eine Freude, wenn mitten im Unterricht Alarm kam und wir an die Geschütze mussten. Einmal sah ich unseren Englischlehrer, unbeliebt und „Giftzwerg" genannt, beim Schießen dem Ladekanonier die Granaten zutragen! Ladekanoniere waren in der Regel richtige Soldaten; nur einer von uns, der Stärkste, Gerd K., wegen seiner Unerschütterlichkeit „Sturi" genannt, wurde gelegentlich als solcher eingesetzt, beneidet von den anderen. Die meisten hatten Munition herbeizuschleppen oder, wie ich, auf einem drehbaren Sitz auf der Kanone „abzudecken", das hieß, die Stellung des Geschützes mit den vom „Funkmessgerät" elektronisch übermittelten Daten mit Hilfe einer Kurbel in Übereinstimmung zu bringen. Echtes Männerhandwerk, es machte stolz; dass wir damit ein winziges Rädchen im Getriebe der Unmenschlichkeit waren, wurde den meisten erst nach dem Kriege bewusst. Unvergesslich der 17. August 1943 mit seinem strahlend blauen Himmel: Riesige Geschwader von

Feindflugzeugen überflogen uns zum Angriff auf Schweinfurt. Die Flakbatterien rings um die Stadt hielten darauf, dass die Rohre glühten; wir sahen einige herabtrudeln und freuten uns. An die, die darin saßen, dachte niemand, so wenig wie der Jäger an die Empfindungen des von ihm erlegten Hasen. Auch unsere Batterie erhielt dafür das „Flakkampfabzeichen". Da die Dinger nicht für alle reichten, erspürte ein Findiger auf dem Acker eine Stelle mit lehmiger Tonerde; eines der wenigen vorhandenen Abzeichen wurde eingedrückt und die Form mit von irgendwo „organisiertem" Blei ausgegossen. Jetzt hatte jeder eines. Wie stolz waren wir, als wir uns die Replikate auf die Uniformbrust nähten! Das hatte gewiss nichts mit Leidenschaft für „Volk und Führer" zu tun, sondern entsprach dem einem jeden, besonders dem jungen Menschen eingegebenen Drang nach sichtbarer Anerkennung (Orden gibt es in allen politischen Systemen). Hat man keine anderen Möglichkeiten, holt man sie sich bei des Teufels Generälen.

Die heiß ersehnten Besucher oben in der Batterie aber waren unsere Mütter. Wenn man nicht - was nur umschichtig geschehen konnte und nicht an jedem Wochenende - „Heimaturlaub" hinunter in die Stadt hatte, kamen sie zu uns hoch, den langen Feldweg hinauf, allein oder zu mehreren, mit Taschen voller Kuchen und Wäsche oder anderem, was sie für nötig hielten und worüber wir uns freuten, kamen unverdrossen bei Wind und Wetter und trotz immer drohendem Fliegeralarm. An der Schranke, die das militärische Sperrgebiet abtrennte, konnten sie sich mit ihren Buben unterhalten, konnten ihnen das Neueste erzählen, Nachrichten vom Vater, der irgendwo an der Front stand, oder von Angehörigen, ob sie in ihrer Stadt den letzten Bombenangriff überlebt hätten; der Tod machte ja auch an der „Heimatfront" reiche Beute. Damals hatten unsere Mütter uns noch in ihrer Nähe, nur ein paar Kilometer weit. Aber das Entrissenwerden drohte nach einem Jahr oder nach nur einigen Monaten, wenn wir, „richtig" zur Truppe eingezogen, an die Front mussten; auch ein endgültiges konnte es sein. Hatten sie dafür ihre Kinder großgezogen? Die Dämonie jener Zeit schlug sich manchmal nieder in Todesanzeigen „mit stolzer Trauer" oder „gefallen für Führer, Volk und Vaterland"; wir schüttelten zu Hause die Köpfe. Die Tränenkrüglein von Millionen von Müttern ließen sich s o nicht austrinken.

Vom Töten

61

Warum töten wir Menschen uns? Warum quälen wir, foltern, stecken in Lager? Warum führen wir Kriege? Die wilden Wölfe tun das nicht, untereinander. Früher meinte man, uns treibe der Teufel; jener Geist, der nicht nur stets verneint, sondern auch stets vernichtet. Aber wo blieb da Gottes Allmacht? Oder: Gott strafe uns, für die Ur-Sünde von Evas Ungehorsam. Aber er war doch gütig! Teufel und zornige Götter haben wir mittlerweile abgeschafft, aber wir töten weiter. Weil wir aus krummem Holze geschnitzt seien, meinte Kant; doch warum man uns nicht aus geradem hatte schnitzen wollen, wusste auch er nicht. Darwin, Nietzsche (und Hitler) glaubten, die Natur bedürfe des Vernichtens, damit das Stärkere statt des Schwächeren überlebe. Doch stehen wir Menschen nicht, als das vernunftbegabte Lebewesen, das „zoon logon echon", wie die alte Definition des Aristoteles will, mit eben diesem unserem besten Teil, der Fähigkeit zu denken, außerhalb der Natur? In der Tierwelt herrscht der Zwang des Fressens und Gefressenwerdens. Dem Tier fehlt, so glauben wir, das Bewusstsein seiner selbst; es tötet seine Beute in Unschuld, weil es sich ernähren muss. Wir aber töten andere Menschen aus Habsucht oder Herrschsucht oder auch aus Ehrsucht. Nur sehr wenige haben bisher ihre Stimme dagegen erhoben; selbst Jesus hat man in den Mund gelegt, er sei nicht

gekommen, den Frieden zu bringen, sondern das Schwert -
oder ist diese üble Botschaft sogar authentisch? Freud konnte
den Teufel überzeugend entmythologisieren: der uns, als
Naturwesen, eingepflanzte Destruktionstrieb ist es. War das
besser als der Mythos von Kains Brudermord? Der Mythos will
uns Dinge, die wir hinterfragen, ohne eine Antwort finden zu
können, auf anschauliche Weise, im Bild, darstellen: Gott, die
Seele, den Tod, den Ursprung des Lebens, den Ursprung der
Welt (die Vorstellung vom Urknall ist ebenso mythologisch wie
die Schöpfertat Gottes im Alten Testament); der Mythos
erzählt, das Morden unter uns habe begonnen, als Kain seinen
Bruder Abel aus Neid erschlug. Seit-dem tragen wir alle das
Kainszeichen auf der Stirn ...

Thema 1

Luftwaffenhelfer Klaus L. führte einen großen Mund und
drängte sich gerne vor. Seinen Nachnamen, der ähnlich
lautete, veränderte er manchmal in „lieber ich!" Er unterhielt
ein aktives Liebesverhältnis mit einem langbeinigen,

kurzberockten Wesen, das man „Fieseler Storch" nannte; das war damals ein gerühmtes Aufklärungsflugzeug der Wehrmacht, ein Senkrechtstarter, mit hohem Fahrgestell. Die anderen betrieben die Sache wohl nur theoretisch, aus Altersgründen. In den abendlichen Bettgesprächen dominierte freilich das Thema, deshalb „Thema 1" genannt. Das Wort „Sex" kannte man noch nicht. Besonders erlustigend war alles, was mit Homosexualität zusammenhing und dem Paragraphen 175 des Strafgesetzbuches; vielleicht eine unbewusste Art von Kritik am politischen System, das Homosexuelle ausgrenzte und ins KZ sperrte. Spaß machte auch das Aufsuchen von „unanständigen" Stellen in der Klassikerlektüre des Deutschunterrichts; besonders Goethes Faust war da sehr ergiebig. Ich kann heute noch manches zitieren, was nicht einem ernsthaften Drang nach Wissen entsprang. Als man einen Obergefreiten zu uns in die Stube legte, der wohl eine Art Aufsichtsfunktion haben sollte, prahlte der ohne Hemmungen abends mit seinen nächtlichen Liebesabenteuern in den Feldern rings um die Batterie; das empfanden wir als abstoßend.

Gänzlich unerotisch dagegen war die Tanzstunde. Sie durfte nur noch für Luftwaffenhelfer gehalten werden, unten in der Stadt. Man war in Uniform und siezte sich, die „Damen" waren die Mädchen des Lyzeums neben der Marktkirche.

Gelernt wurden Foxtrott, Wiener- und langsamer Walzer, auch Tango. Musik kam vom Plattenspieler. An das biedere
„So wie mein blondes Kätchen,
so küsst kein andres Mädchen"
zum Fox kann ich mich gut erinnern. Zum Tango mussten spanische oder südamerikanische Rhythmen gespielt werden, das war schon an der Grenze des damals Zu-lässigen. Amerikanisches oder gar Jazz (man sprach das wie „Jatz" aus) war verboten. Eine Sehnsucht nach dem Saxophon oder einem richtigen „Hot", wie man da sagte, war vorhanden, aber sie wurde von Peter Kreuder und seiner Gebrauchsmusik, die man am Radio hören konnte, nur ungenügend gestillt. Manche schwärmten von „gestopften Trompeten"; was das war, wusste ich nicht recht; mich interessierte es nicht. Karl-Ernst S. übte sich im Step-Tanz, unter großem Zulauf seines jungen Publikums. Das war wohl auch schon abseits des Erlaubten, denn er zeigte seine Kunst nur dann, wenn kein Unteroffizier in der Nähe unserer Bude auf Pirsch war. Es musste ja auch eine Tischplatte abgehoben und für den Tänzer auf den Boden gelegt werden. Karl-Ernst ist später ein bekannter Pfarrer in Wiesbaden gewesen, aber leider viel zu früh verstorben.

Haben wir unsere Walzer- und Foxtrott-Kenntnisse aus der Tanzstunde überhaupt zur Anwendung bringen können? Es gab ja schon seit Jahren keine öffentlichen „Tanzvergnügen", ein beständiger Karfreitag. Doch: einmal fand eine Art von Batterie-Fest statt, zu dem unsere Tanzstunden-Damen eingeladen wurden. Man trank eine Apfelwein-Bowle, mit Apfelstückchen im Glas, und ich bekam davon meinen ersten richtigen Rausch. Aus der Trübe meiner Erinnerung blitzt noch das ungewohnte, mich offenbar frappierende Bild hervor, wie in unserer Männer-Baracke einige kichernde Mädchen standen, denen die

Mitschüler sie hatten zeigen wollen. Mehr aber auch nicht.

Zweifel am „Führer"?

Einige von uns waren Söhne höherer Offiziere, bis zum General hinauf; die Stadt war Standort hoher Kommandostellen der Luftwaffe. Da hallte manches wider, was im Elternhaus zwischen den vier Wänden gesagt wurde. Später, nach dem Krieg, erfuhr man ja einiges über das prekäre Verhältnis zwischen der politischen Führung des „Dritten Reiches" und dem Offizierskorps (den 20. Juli 1944 habe ich nicht mehr als

Luftwaffenhelfer erlebt). Also: ein Klassenkamerad lässt eine Äußerung fallen, die einem Älteren Kriegsgericht oder KZ eingebracht hätte. Ein anderer, ebenfalls Sohn eines hohen Offiziers, fragt ihn erstaunt: „Zweifelst du am Führer? Das habe ich noch nie getan!" Die Episode, die ich noch gut in Erinnerung habe, beleuchtet unsere damalige Bewusstseinslage. Am „Führer" zweifeln hatten die meisten „noch nie getan". Wie denn auch, wo es keinerlei Anleitung zu kritischer Haltung gab, wenn das Elternhaus nicht kritisch war. Man spürte sein ideologisches Korsett nicht. Widerstand? Für uns Buben überhaupt nicht vorstellbar. Man raunte wohl manchmal von „Stenzen" und „Edelweißpiraten"; ernsthafte Opposition konnte das nicht gewesen sein, eher das Phantasieren über einen vom „Soldatischen" völlig verschiedenen Lebensstil. Dass man manchmal statt „Volk, ans Gewehr" sang: „Holzhammer her!" entsprang jugendlicher Spottlust und war kein Zeichen politischen Aufbegehrens, ebenso wenig wie das fröhliche Absingen von „God save the king" eines Vormittags, kurz bevor der Deutschlehrer in die Bude kam; er musste es gehört haben, schwieg aber darüber, verstand sich auf Jugendpsychologie. Jürgen N. sang bisweilen die Hymne „Noch ist Polen nicht verloren", sogar auf polnisch; bei ihm hatte ich schon eher den Eindruck einer inneren Opposition, vermutlich auch bei ihm vom Elternhaus her.

67

Interessanterweise wurde trotzdem die Stellung unserer Lehrer zum Regime beobachtet. Jedenfalls wussten wir, wer hundertprozentig hinter seinem „Führer" stand. Man konnte das sogar sehen. Einige kamen gelegentlich in der braunen Uniform der SA oder in der eines „politischen Leiters" („Goldfasan" genannt) zum Unterricht. Man lachte heimlich über einen besonders Strammen (es war dies noch vor unserer Luftwaffenhelfer-Zeit), der zum Stundenanfang (eine Unterrichtsstunde begann mit Aufstehen und dem Hitlergruß mit ausgestrecktem Arm) einmal gemeint hatte, wir sollten etwas mehr „soldatische Haltung" einnehmen. Dem Narren genügte wohl nicht, dass uns bald darauf ohnehin „soldatische Haltung" beigebracht wurde, einigen bis zum Exitus für Volk und Vaterland. Bei anderen unserer Lehrer vollzog sich jener Hitlergruß, mit gekrümmtem Arm, so lasch, dass man daraus ersehen konnte, er habe nicht zu den Freunden der „Bewegung" gehört. Das nur gemurmelte „Heil Hitler" hätte man als „drei Liter" verstehen können - gewisse Spaßvögel taten das absichtlich. So unser Geschichtslehrer Dr. B., „Buddha" genannt, weil sein Gesicht dem dieses indischen Heiligen ähnlich sah. Sein Unterricht bestand darin, die Aufgaben abzufragen, das hieß, die Kapitel des Geschichtsbuchs „Volk und Führer", die er zu lesen aufgegeben hatte, zusammenfassend vorzutragen. Gähnend langweilig.

Das war wohl eine Art passiven Widerstandes. Man munkelte, er sei in einem Westerwälder Städtchen Direktor des Gymnasiums gewesen und wegen seiner Zugehörigkeit zu einer linken Partei „abgebaut" worden. Später stellte sich das als wahr heraus; er war einer der führenden Kenner der Geschichte Nassaus. Ich verzeihe ihm seinen Schlaf-Unterricht; er hätte es wohl unter anderen Umständen besser gekonnt. Ansonsten gab es unter den Lehrern Spitznamen in Menge: Amos, Fridolin, Giftzwerg, Maiglatz, Spitzbauch und andere. An sie alle denke ich mit Vergnügen. Heutige „Pennäler" sind von jenen liebenswürdigen Bosheiten längst abgekommen. Ich selbst habe während meiner Tätigkeit als Gymnasiallehrer keinen Spitznamen getragen, weil es schon aus der Mode gekommen war oder auch, weil mein Familienname allein schon zum Spitznamen taugte.

Unseres Musiklehrers (vor der Luftwaffenhelfer-Zeit) möchte ich noch gedenken. Sein Name endete auf –arsch, was Anlass zu deftigem Spott bot. Ihn selbst zu ärgern wagte man nicht; er hatte einen barschen Ton und verstand es, in seinem Unterricht Disziplin zu halten - was Musiklehrern wohl nur selten gelingt. Einmal im Schuljahr sammelte er Knaben für den Schulchor; dazu musste jeder etwas vorsingen und wurde darauf entweder zu den stimmreinen „Choristen" geschickt oder in die andere Ecke zu den „Brummern". Ich kam in den

Chor. An eine Aufführung von Beethovens „Die Himmel rühmen des Ewigen Ehre" kann ich mich erinnern, an „Hohe Nacht der klaren Sterne", was im Rahmen der religiösen Gegenwelt des „Dritten Reiches" christliche Weihnachtslieder ersetzen sollte, auch an Kitsch-Choräle wie

„Deutschland, heiliges Wort

du voll Unendlichkeit,

über die Zeiten fort

seist du gebenedeit …"

Möglicherweise habe ich damals schon darüber gegrübelt, ob nun das Wort unendlich sei und gebenedeit werden sollte oder das Land; beides schien mir absonderlich und schwer vorstellbar. Dass „benedeien" vom lateinischen „benedicere" kommt und „segnen" heißt, wusste ich wohl noch nicht. Ein plakatives Beispiel dafür, wie man damals eine Ersatzreligion schaffen wollte! In einem anderen Preislied auf das Vaterland hieß es:

„…wahre das Recht in Einigkeit,

schütze die Freiheit zu jeder Zeit …"

Erst später, nach dem Zusammenbruch jener Ideologie, wurde einem bewusst, welch blutiger Hohn in diesen Zeilen lag: blutig im wörtlichen Sinne, als Hunderttausende von Deutschen in den Gestapokellern gefoltert oder in Vernichtungslager gekarrt wurden. Und wir Buben forderten in unserem Singsang ganz arglos dieses Deutschland auf, das Recht zu wahren und die Freiheit zu schützen!

Reichsarbeitsdienst

„... 23 Pfennig ist der Reinverdienst,
ein jeder muss zum Arbeitsdienst
und dann zum Militär."
Die 23 Pfennig waren damals, im Jahre 1944, wohl schon antiquiert. Es handelte sich bei dieser Muss-Institution um den „Reichsarbeitsdienst", abgekürzt RAD, zu dem (seit 1935) jeder junge Mann eingezogen wurde. Mit dem Lied, aus dem die obigen Verse stammen, marschierten die „Arbeitsmänner" zu ihren Arbeitsstätten, wo sie für die „Volksgemeinschaft" wichtige Tätigkeiten zu verrichten hatten, wie Straßen bauen, Sumpfland trocken legen, Schießen lernen. Die Bilder lachender blonder Jungmänner mit ihren blanken Spaten konnte man überall sehen, sie übten ihre Faszination besonders auf die weibliche Jugend des Großdeutschen Reiches aus (sofern diese nicht selbst als „Arbeitsmaiden" zu dienen hatte). Jedenfalls sangen wir in einem anderen Lied:

„Zicke Zacke ruft die Maid,

hei, die Jungens haben Schneid!

Alles Kerle von Format

und im Herzen gern Soldat!"

Bloß: der blanke Spaten dieser Kerle von Format - vielleicht war allein der dümmliche Dichterling solcher Verse gern Soldat - täuschte, er stand für das Gewehr. Militärisch ging`s zu mit „Spaten über!" und „Spaten ab!" statt „Gewehr über!" usw., das heißt, man hatte mit der Arbeitsdienstpflicht einige Monate zusätzlicher vormilitärischer Ausbildung geschaffen. Als ich zum RAD einrücken musste, wurden es nur einige Wochen, vom Frühling zum Sommer 1944. Merkwürdigerweise habe ich keine Erinnerung mehr an den Abschied von der Luftwaffenhelferzeit, von den Klassenkameraden, von der Uniform. Die Abnabelung vom Elternhaus, die ja „auf der Batterie" noch keine vollständige gewesen war, trat in ihre zweite Phase ein, eine ernstere: man wurde in eine andere Region transportiert. Ich kam nach Kandel in der Pfalz, in der Rheinebene gegenüber von Karlsruhe gelegen. Es muss ein trockener Frühling gewesen sein, zartes Grün beherrscht mein trübes Erinnerungsbild. Lachende Arbeiten für das „Dritte Reich" hatten wir nicht zu verrichten außer der Bekämpfung eines Waldbrands in der Nähe unseres Lagers. Dienst am Gewehr hatte den Vorrang vor dem Dienst mit dem Spaten. Kandel liegt nahe an der Grenze zum Elsass. Auf der anderen Seite Frankreichs hatten die Alliierten schon Fuß gefasst; beinahe täglich überflogen uns ihre Kampfflugzeuge. Wir besaßen keine Luftschutzbunker, sondern lediglich komische, in den Boden gegrabene Röhren, in die wir bei Alarm hineinkriechen mussten; direkte Angriffe habe ich aber nicht erlebt. Manchmal gab es abends Ausgang ins Dorf, in Ausgehuniform, mit unseren wunderlichen Mützen, die eine Delle in der Mitte hatten, unter uns „Arsch mit Griff" genannt. Man konnte in einem noch betriebenen Gasthaus ein Gläschen Pfälzer Wein bekommen, weil wir ja Soldaten waren. Peinlich die Erinnerung an unsere Vorgesetzten (auch hier waren „Schleifer" dabei): Sie galten - und waren es wohl auch - als Drückeberger vor dem Dienst an der Front, die es sich hier bei Wein und Weib wohl sein ließen und die Herren spielten über uns junge Arbeitsmänner. Die wenigen Mädchen im Dorf gehörten ihnen. Im Gedächtnis ist mir noch, wie ein älterer Zivilist (jüngere gab`s ja nicht), Vater einer wohl hübschen Tochter, einen unserer Führer (eine recht widerliche Gestalt) vor der Truppe (!) unflätig mit „Hurenbock" u. ä. beschimpfte. Er hatte wohl recht gehabt.

Ich wurde zwar aus dem RAD im Sommer 1944 als „Vormann" entlassen (eine Charge, von der ich vorher nie gehört hatte), aber wir waren keineswegs durch diesen Dienst an „Volk und

Führer" schon zum Mann gereift. Es gab eine kurze Gnadenfrist zu Hause, zur größten Freude der Angehörigen, bevor ich Ende Juli zum „richtigen Barras" eingezogen wurde, nach Homburg/Saar. Das fehlgeschlagene Attentat auf Hitler und sein Widerhall in der Bevölkerung ist mir nicht weiter in der Erinnerung geblieben. Freude und Dank an die „Vorsehung" in der öffentlichen Meinung, ansonsten verhaltenes Schweigen. Wer hätte auch trauern dürfen? Bahnfahrt ins Saargebiet, Meldung in der Kaserne, Einkleidung als Artillerist; die dritte Stufe der Abnabelung vom Elternhaus begann. Die Kanonen, an denen man uns ausbildete, „Feldhaubitzen", schienen mir uralt. Langweiliger Kasernen-Trott, kaum Ausgang in die Stadt, die mir öde vorkam, keine Mädchen. Besuch meiner Mutter mit der Eisenbahn, obwohl damals schon Züge von Tieffliegern beschossen wurden. Wichtiger war, dass ihr Bub den mitgebrachten Kuchen bekam. Auch mein Vater besuchte mich. Er war wegen der näher kommenden Westfront doch noch zum Arbeitseinsatz eingezogen worden, an die Grenze zu Lothringen. Als er sich verabschiedet hatte - ob wir uns je wiedersehen würden? - lief ich innerhalb des Kasernenzaunes noch ein Stück neben ihm her. Abendlicher Gesang in der Nähe, von Kameraden, die zur Front aufbrachen:

„Als Johnny unterm Galgen stand,

74

er das Leben noch viel schöner fand …"

Die Melodie habe ich jetzt noch im Ohr. Einige Tage später kam auch für mich der Tag des Abtransports, mit dem Zug quer durch das „Reich" nach Osten.

Sturmartillerist

An die lange Eisenbahnfahrt habe ich keine Erinnerung mehr, außer, dass in Leipzig, wo wir des Nachts viele Stunden auf dem Bahnhof standen, einer von uns von einem Bordell ganz in der Nähe schwärmte (der Stadtteil war noch nicht bombardiert). Ob er mit einigen anderen tatsächlich dort seinen Drang befriedigen konnte, weiß ich nicht; ich hatte keinerlei Interesse an Lustbarkeiten solcher Art, war ja auch noch sehr jung. Für Ältere dürfte ein frauenloses Soldatenleben, wie es jetzt erst wirklich für uns begann, von jener Seite her Probleme geboten haben. Wohin fuhren wir? In die „Polackei", wie ich es im ersten Feldpostbrief an Mutter und Bruder (mein Vater stand ja im Arbeitseinsatz hinter der Westfront) ausdrückte. Es ist eine ganze Reihe von Feldpostbriefen von mir an meine Eltern erhalten, mit deren

Hilfe ich mein Leben in jenem Winter 1944/45 annähernd rekonstruieren kann. Meine Mutter hat sie liebevoll aufbewahrt, auch über die Zerstörung von Haus und Wohnung hinweg; meist berichten sie aber von meinem stets unstillbaren Hunger und von ihrer Mühe, ihm mit der Sendung von Päckchen - solange das noch möglich war - ein wenig abzuhelfen. Ich zitiere aus dem kurzen Brief vom 21.9., in dem ich ihr meinen neuen Standort mitteilte: „Also ich bin hier mit unserer ganzen Batterie in Schieratz in der Polackei auf der Strecke Breslau - Lodz gelandet, seht mal auf dem Atlas nach, da steht wahrscheinlich Sieradz (bei Kalisch). Wir sind in einem großen Barackenlager, noch nicht eingeteilt, weiß noch keine Adresse ..." Am Tag darauf schrieb ich etwas ausführlicher: „ ... Also liebe Mutti, lass Dich nicht erschrecken, dass wir jetzt zu den Sturmgeschützen gekommen sind; wir kommen sicher doch nicht mehr zur Front. Wir bekommen wieder ganz neue Ausbildung ... Das hier ist ein riesiges Barackenlager, ½ Stunde von dem Nest weg (Ausgang ist Unsinn), sehr staubig und nicht gerade anheimelnd. Das warme Essen ist nicht so gut wie in Homburg, aber die kalte Verpflegung besser und sehr reichlich (viel Butter). Wir haben viel Durcheinander noch (Umzug usw.). Also ein Paketchen könntet Ihr vielleicht mal versuchen zu schicken, so ein kleines. Könntet Ihr ein paar Ansichtskarten von Wiesbaden beifügen, damit ich etwas abzeichnen kann

(Kurhaus usw.)? …" Neben dem ständigen Hunger hatte mich offenbar ein Mangel an künstlerischer Betätigung geplagt. Übrigens: die despektierliche Bezeichnung „Polackei" entsprach nicht der damaligen „political correctness", hätte wohl beim Zensor (es gab kein Briefgeheimnis, aber sie konnten nicht alle Briefe öffnen) Stirnrunzeln bewirkt; Schieratz (umgedeutscht für das polnische Sieradz) lag im „Warthegau", der damals zum „Reich" gehörte. Der Wechsel von der stattlichen Homburger Kaserne in den tristen östlichen Truppenübungsplatz muss für mich frustrierend gewesen sein; da war mir alles unsympathisch. Aber dass ich dort eine neue Ausbildung, eine am Sturmgeschütz, über mich ergehen lassen musste, dürfte ein Glück gewesen sein: Fronteinsatz wurde dadurch hinausgeschoben. Was war ein Sturmgeschütz? Ein Kettenfahrzeug mit Kanone, wie ein Panzer aussehend, aber das Geschütz war nicht drehbar. Es wurde an der Spitze angreifender Infanterie eingesetzt, wie das Marschlied der Sturmgeschützler sagte:

„Voraus den Kameraden, im Kampf sind wir allein,
so stoßen wir tief in die feindlichen Reih`n."

Meine Mutter wusste wohl darum; deshalb hatte ich sie beruhigen müssen.

Beruhigend für sie war auch, dass mir eine lange Ausbildungszeit als Funker bevorstand, die bis in den Januar

1945 dauern sollte. Von der Tristesse des Lebens auf dem (auch in jenem Winter) staubigen Truppenübungsplatz (und dem Hunger) berichtet eine Reihe von Briefen; von diesen nur denjenigen, der das Weihnachtsfest 1944 schildert, vom 24.12.: „Liebe Eltern, nun ist es so gegen halb acht, und wir sitzen zu viert auf unserer Stube. Einer liegt schon im Bett, zwei sind fort auf Wache. Wir haben sogar einen Tannenbaum, noch heute nachmittag gekauft. Habe eben noch ein paar Silberpapiersternchen geklebt. Kerzen fehlen, aber solche Wachsschüsselchen mit Docht (wir nennen sie „Hindenburg-Lichter", warum weiß der Himmel) stecken wir an. Es gab als Weihnachtszuteilung ein Kochgeschirr voll solcher runden Pfeffernussplätzchen, drei Zigaretten und ¼ Flasche Schnaps - letztere beiden „Genussgifte" werde ich demnächst verhökern. Außerdem gab es vorhin als Sonderzuteilung „Schweinebraten" mit Kartoffeln und Rotkraut. Und morgen früh stehen wir anstatt um halb fünf um sieben auf ... Gestern abend haben wir uns brockenweise Kohlen geklaut vor der Küche, jetzt können wir die Feiertage gründlich heizen ... Liebe Mutti, Du denkst jetzt sicher auch an mich und Hänschen und bist vielleicht sehr traurig - ist es nicht die erste Weihnacht ohne Deine Kinder? Habt Ihr überhaupt ein Tannenbäumchen? Und warm? Mir kommen immer Zweifel, ob Ihr es besser habt zu Hause als ich ..." Mein

Bruder Hans war damals offenbar bei den Großeltern in Büdingen, vor den Luftangriffen eher sicher als in der Großstadt. Tatsächlich hatte ich es damals besser als Millionen andere, die Wohnung ausgebombt, in Dreck und Schnee an der Front, ohne „Silberpapiersternchen" und „Pfeffernussplätzchen"! Im Osten stand die Rote Armee schon an der Weichsel, die Truppen der Westalliierten näherten sich Schelde, Maaß und Rhein, die deutschen Städte wurden mehr und mehr zerbombt. Wir hatten Langeweile, mussten marschieren und singen ...

O schöner Soldatentod ...

So heißt es wohl in einem alten Lied, das trefflich in jene Zeit passte. Zum einen, weil sie für den Rückblickenden so etwas wie ein „großer Gesang" war - aber nicht, wie Rilke dies (im „Stundenbuch") von sich gemeint hatte (ein Dichter, den ich immer sehr geschätzt habe), sondern, weil zum Marschieren damals das Singen gehörte (und wir marschierten dauernd, als Schüler schon, als Luftwaffenhelfer, als Arbeitsmänner, als

Soldaten). Zum andern, weil das Lied vom schönen Soldatentod insofern in die Zeit passte, als viele der Lieder, die wir zu singen hatten, diesen Tod beschworen. Mir scheint, es lag System darin, uns solchergestalt auf ihn vorzubereiten. Manche waren sentimental bis zum Kitschigen, wie

„Matrosen, die wissen zu sterben,

für sie ist das Leben nur ein Spiel",

obwohl wir gar keine Matrosen waren, die ihr Grab im Wasser finden sollten:

„Der einz`ge Schmuck, das sind die weißen Möwen,

und heiße Tränen, die ein kleines Mädel weint".

Oder ein älteres, wohl aus dem ersten Weltkrieg, durchaus bewegend:

„Als wir nach Frankreich zogen,

da war`n wir unser drei …",

wo dann beim Tod des letzten „die Fahne Amen sprach". Als Marschlied wurde sogar das schöne Gedicht von Walter Flex missbraucht:

„Wildgänse rauschen durch die Nacht

mit schrillem Schrei`n nach Norden.

Unstäte Fahrt! Habt Acht, habt Acht,

die Welt ist voller Morden!"

Heute wundert mich ein wenig, dass man damals nicht merkte, dass die beiden letztgenannten mit ihrer Klage über Sterben und Morden eher Anti-Kriegslieder sind. Reichlich komisch war, dass man in jener Zeit des allgemeinen Rückzugs der deutschen Armeen singen musste:

„Morgen marschieren wir in Feindesland.
Heiß in den Herzen glüht der Freiheit Brand …"

In mir hat`s nicht so sehr geglüht, eher hat mich die Frage beschäftigt, wer denn meinem Vaterland die Freiheit genommen habe, wo doch unsere Truppen gerade zwei Jahre vorher vom Nordkap bis zum Kaukasus standen. Und dann wieder das Todes-Motiv:

„Kehr ich nicht mehr zurück, was ist dabei?
Wenn nur mein Vaterland, wenn Deutschland frei!"

Zum Trost für das frühzeitige Sterben gibt es einige Blümlein aufs Grab:

„Auf unsern Gräbern dann die Lilie blüht,
Lilie und Ros` dazu. Was ist dabei usw."

Noch so ein Fetzen hoher deutscher Liedkunst klingt mir bis heute in den Ohren (auch er hat es selbstverständlich mit dem Tod zu tun):

„Kämpfe, blute , werbe
für dein höchstes Erbe,
siege oder sterbe:
Deutsch sei bis ins Mark!"

Was das für ein „höchstes Erbe" sein sollte, war mir nicht ganz klar; „bluten" höchst unsympathisch; der Dichter hätte, bevor er solch markige Verse in die Welt setzte, erst einmal richtiges Deutsch lernen sollen (es heißt, im Imperativ, „stirb" und „wirb"), und bei „Mark" dachte ich zunächst an die Markklößchen in der Suppe, die meine Mutter so lecker kochen konnte. Deutsch bis auf die Knochen, würde man heute eher sagen. Aus lauter Patriotismus solcher Art haben sie damals einen guten Teil unserer deutschen Intelligenz ausgerottet oder vertrieben. Wenn ich daran denke, wie viele glänzende Gelehrte allein in meinem späteren Studienfach, der Klassischen Philologie, nach Amerika fliehen mussten, weil ihre Vorfahren in die Synagoge statt in die Kirche gingen!

Kampfeinsatz statt Urlaub

Meinen Feldpostbriefen ist zu entnehmen, dass ich am 12.1.1945 hätte Heimaturlaub bekommen (ein Wunder bei der damaligen Kriegslage!) und darauf einen Funker-Unteroffizierslehrgang in Altengrabow bei Magdeburg machen müssen. Aber der Russe marschierte in jenen Tagen über die Weichsel, und so kam es anders. Ich zitiere aus dem Brief vom 30.1.1945 aus Altengrabow: „Also am 12.1. wollte ich in Urlaub fahren, abends, da musste ich auf einmal am nächsten Tag mit einem Arbeitskommando in ein kleines Polackendorf weg, zum Barackenbau. Den Abend schrieb ich Euch den letzten Brief - ich war sehr niedergeschlagen. Na, also den Samstag zogen wir dahin, wurden in eine leere Schulstube gelegt und taten über Sonntag nichts als schlafen. Montag morgens gab es dann Alarm, und wir marschierten nach Schieratz zurück (hab ich mich gefreut!). Dort stellten sie gerade eine Alarmbatterie auf (der Iwan war mittlerweile durchgebrochen), und ich wurde als Funker zugeteilt. Also rückten wir am nächsten Morgen mit zehn (ganz alten) Geschützen dem Feind entgegen. Ich fuhr mit dem Vorkommando auf einem Lastwagen. In einem kleinen Dorf bezogen wir eine Stellung (bis 18.1.). Am Abend dieses Tages machten wir dasselbe wie die andern, die Infanteristen und Volkssturmmänner, der Rückweg ging über die Warthe, mein LKW kam als einziger drüber (und ich drauf), der andere brach im Eis ein, die Geschütze versuchten ihn wieder aufs Ufer zu ziehen (alle anderen halfen mit, ich als einziger war drüben bei meinem Funkkram geblieben) und währenddessen kamen drüben die T 34 mit aufgesessener Infanterie und sagten: Guten Tag, wir sind da. Ein kleiner Haufe kam noch rüber zu mir, einige triefend (viele waren ins Wasser gefallen); auf den LKW und ab nach Welun. Dort angekommen machten wir Halt, wärmten uns in einem Gasthaus zehn Minuten auf, und da schossen sie schon in die Stadt rein. Da fraßen wir schnell die paar Essvorräte in der Wirtschaft noch auf, warteten noch bis zuletzt, bis die fahrenden T 34 schon zu hören waren, sprangen auf unseren Wagen und wollten losbrausen, bis der Iwan um die Straßenecke bog - aber der Holzvergaser sprang nicht an. Da stiegen wir ab, schoben das Ding an - es ging nicht - die russischen Infanteristen waren schon abgesessen und schossen die Straße entlang; da kam noch ein Benzin-LKW angestürmt, er musste uns anhängen, und er hat uns Gott sei Dank mitziehen können, und er zog uns noch bis Schieratz. Dort war schon alles im Aufbruch, aber ich fuhr erst am nächsten Tag ab nach Kalisch. So bin ich, teils zu LKW, teils zu Fuß, teils auf Bauernwagen, manchmal allein und manchmal mit anderen zusammen nach Glogau in Schlesien gekommen. Dort meldete ich mich in der Kaserne, erhielt Anschluss an einen Transport von 10 Mann nach hier und bin nun vorläufig mal in dieser sehr hungrigen Gegend ..."

Dies aus dem Brief vom 30.1. aus Altengrabow. Es war wohl so dramatisch wie ich es damals dargestellt hatte: Rückzug, allgemeine Auflösung. „Wir machten dasselbe wie die anderen", das hieß, wir flohen, wegen der Brieföffnung ein wenig verschlüsselt. In den Wehrmachtsberichten jener Zeit sprach man von „Absatzmanövern" oder „Frontbegradigung". Mit einem Holzvergaser hatte man da schlechte Karten; sie hatten einen kleinen Holzofen auf dem Ladedeck, dessen Gase den Motor antrieben; wegen des immer mehr spürbaren Benzinmangels. Damit ließ sich der von einigen wenigen immer noch erhoffte „Endsieg" kaum erringen. Nicht weniger dramatisch war für mich der Weg von Schieratz (das darauf wieder Sieradz hieß) nach Glogau: Ich ging mit dem großen Treck der Deutschen nach Westen, bei klirrender Kälte und Schnee, mit Alten und Kindern. Ich muss auch einmal in einem offenen Transportwagen der Eisenbahn gefahren sein, denn ich erinnere mich, dass es einmal hieß, eben sei ein erfrorener Säugling aus dem Wagen geworfen worden. Ein Wunder, dass mir niemand vorwarf, warum ich als Uniformierter nach Westen mitfuhr, statt zu helfen, den Russen doch noch aufzuhalten. Man war wohl zu sehr mit seinem eigenen Schicksal beschäftigt, oder ich sah noch sehr jung aus. Die Feldpolizei konnte mir nichts anhaben: ich hatte ja den Marschbefehl zum Funker-Kurs in Altengrabow in der Tasche.

Aus dem wurde aber nichts. Die Rote Armee hatte einen Brückenkopf westlich der Oder gebildet, und wir mussten zurück nach Osten, zu einer neu errichteten Sturmgeschütz-Batterie, die diesen Einbruch abschirmen sollte. In den Kommandostrukturen unserer 9. Armee dürfte es schon chaotisch zugegangen sein, denn wir lungerten beim Transport an die Oderfront mit dem Zug tagelang in einem zum Schlafen eingerichteten Kino am Berliner Bahnhof Gesundbrunnen herum. Der Stadtteil war noch unzerstört, und ich genoss die Milde des Klimas nach dem grimmigen Winter im Wartheland. Auch die Feldpost arbeitete nicht mehr so zuverlässig wie vorher; vom Februar 1945 habe ich kaum mehr Briefe, von der Bombardierung Wiesbadens in der Nacht zum 3. Februar und der Zerstörung unseres Hauses erfuhr ich erst Wochen später. Ich konnte zwar noch schreiben, aber meine Angehörigen nicht; ich hatte keine feste Adresse mehr. In einem Brief vom 13.2. berichtete ich ihnen: „… bin vierzehn Tage lang in der Berliner Gegend herumgeflogen und jetzt erst bei einer Einheit gelandet - auch schon im Einsatz gewesen und vorgestern abgeschossen worden - auf unserem Geschütz lag unser ganzes Gepäck, alles in Fetzen beim Iwan, habe nur noch das, was ich anhabe …" Das sieht in meiner Erinnerung so aus:
Ich bin Funker-Ladekanonier in einem Sturmgeschütz. Das heißt, ich habe per Funk die drahtlose Verbindung zum

Batteriechef aufrecht zu erhalten und, wenn mein Geschützführer es befiehlt, die Kanone zu laden und abzufeuern. Außerdem bediene ich ein über mir, über der Panzerung, angebrachtes Maschinengewehr; damit kann ich schießen, wann ich will. Wir, das heißt mehrere Sturmgeschütze meiner Einheit, sollen ein brandenburgisches Dorf zurückerobern. Hinter uns geht Infanterie vor. Wir fahren los. Plötzlich russische Schlachtflieger. Ein- und Ausstiegsklappe zu! Tief geduckt im Fahrzeug, knallen direkt über mir ihre Geschosse auf die Panzerplatte, wie Erbsen auf ein Blech. Sie hält! Dann Stille. Wir fahren weiter. Vor uns auf der Straße windet sich ein wundgeschossenes Pferd. Dahinter huschen Menschen von Straßengraben zu Straßengraben: Russen. Als sie verschwunden sind, gebe ich eine MG-Salve ab, zur Warnung. Gefühl der Überlegenheit unter dem sicheren Stahl, gerade erwiesen. Nicht lange: nach ein paar Metern Weiterfahrt eine wahnsinnige Detonation: Wir sind auf eine Mine gefahren, die rechte Kette ist gerissen. Geschütz bewegungsunfähig. Aussteigen! Das gelingt, ohne dass wir beschossen werden. Alles bleibt drinnen: meine Unterwäsche, meine Zeichnungen, mein Wasserfarbenkasten, den ich mir kurz vorher aus einem leeren Haus „organisiert" (so nannte man das) hatte. Über die warmen Wollstrümpfe, von meiner Mutter mit liebender Mühe im letzten

Feldpostpäckchen geschickt, freute sich wohl bald darauf ein Russe. Ich aber wurde Infanterist ...

Die Mädchen hinter der Front

Man hört und liest heute von 14-, ja 13-Jährigen, die ihren Geschlechtstrieb miteinander ausleben. Uns Alten erscheint manchmal das Leben der heutigen jungen Generation wie eine von Popmusik und Promiskuität geprägte Riesen-Party. Sicher trügt dieser Schein. Und wenn es denn so wäre, sollte man die sexuelle Befreiung der sechziger Jahre des letzten Jahrhunderts eher positiv sehen angesichts des Leides, das starre Konventionen in früheren Jahrhunderten vielen Menschen gebracht haben; die Romane des 19. erzählen ja davon. Es ist der Kontrast zu den Verhältnissen in der eigenen Jugend, der uns Alte neidisch und hässlich machen kann. Um die angenehmeren Seiten meiner Pubertät gekommen zu sein, hat mich nie beschwert. Gelegentlich hatte ich einer jungen Dame von 16 oder 17 Jahren namens Isolde, deren Eltern im Haus wohnten, auf der Straße oder im Treppenhaus aufgelauert, um mit ihr einige schüchterne Sätze auszutauschen; das war schon alles. Was man mit solch einer jungen Dame alles hätte anfangen können, das erfuhr ich erst als Luftwaffenhelfer im Kreis meiner Kameraden, zumeist vor dem Einschlafen; und auch das nur von wenigen, die sich mit solchen Fachkenntnissen brüsten konnten oder auch nur wollten. Das heißt, eine echte „Aufklärung" fand erst in meinem 16. Lebensjahr statt. Versagen der Eltern? Keineswegs; das gehörte damals nicht zu ihren Pflichten. Interessanterweise habe ich auch später, bis lange nach dem Krieg, kein Bedürfnis gespürt, meine mittlerweile gewonnenen theoretischen Kenntnisse in die Tat umzusetzen, obwohl sich die Gelegenheit dazu bot. Einmal, in einem brandenburgischen Dorf, knapp hinter der heranrückenden Front, luden mich zwei junge Frauen, deren Haus noch stand, freundlich ein, in ihren Betten zu schlafen; die sahen so reinlich aus und ich war so voller Läuse, dass ich dankend ablehnte und mich in den Holzstall verzog. Dabei hatten die Damen, soweit ich mich erinnern kann, keineswegs Gesichter wie des Teufels Großmutter. Ein anderes Mal, als ich in einem Gutshof lag, in dem trotz des Geschützdonners noch Personal hauste, fragte mich eine junge Zwangsarbeiterin ganz direkt, ob ich mit ihr ins Bett gehen wolle; sie hatte ein süßes Schlafzimmergesicht, dem man ansah, dass schon einige Kameraden von ihr vernascht worden waren. Sie merkte wohl, dass ich eine männliche Jungfrau war und erhoffte sich großen Spaß dabei. Schnöde wies ich sie ab mit der Lüge „hab schon ander Frau", ihr Deutsch nachahmend. Später hieß es, einige hätten sich bei ihr infiziert. Ob sie vielleicht noch in letzter Stunde die deutsche „Wehrkraft zersetzen" wollte? In jenen chaotischen Wochen vor dem Kriegsende holten sich viele Landser noch unbekümmert das, was sie wollten; wenn man einmal irgendwo im Stroh zu übernachten kam, raschelte und kicherte es allenthalben; trotz oder eher: gerade wegen der allgegenwärtigen Todesgefahr. Da verstand man, warum der eine oder andere gelegentlich meinte: „Leute, genießt den Krieg, der Friede wird langweilig!"

Auflösung

Bei mir gab es damals nichts zu genießen. Nach dem Verlust des Geschützes wurde ich also
Infanterist. Als solcher in einer Reihe von Kampfeinsätzen, solange es noch Kommandostrukturen gab, im Rahmen der „Absatzbewegung" der 9. Armee von der Oder zur Elbe. Dort stand der Amerikaner, zu dem wollte man, weg vom Russen, wo Sibirien und der Hungertod drohten. Alleine laufen durfte

man nicht, die Feldgendarmerie (unter der es noch Hitlergläubige gab) hatte ein Auge auf „Feiglinge", und Bäume zum Aufknüpfen gab es genug; manchmal sah man einen hängenden Kameraden mit einem Schild um den Hals, auf dem sein Verbrechen zu lesen stand: „Zu feige, für Führer, Volk und Vaterland zu kämpfen". Also schließt man sich einer Einheit an, die durch den Wald trottet, Richtung Westen. Da hat man auch eher die Möglichkeit , irgendwo Essen zu bekommen. An ein herrlich lecker gebratenes Stück Pferdefleisch erinnere ich mich mit Genuss. Eines Tages Befehl zum Eingraben, um den Russen irgendwo aufzuhalten. Der schießt mit seiner Artillerie den Acker, in dem wir stecken, sturmreif. Sich tief ins Erdloch ducken, die Kanonenschläge aushalten, beten. Jetzt weiß ich auch, wie das „Trommelfeuer" war, damals im 1. Weltkrieg, bei Verdun und anderswo, von dem wir so oft in unseren heldischen Heftchen zu lesen hatten. Jeder Treffer konnte einen zerfetzen. Als der Beschuss aufhörte und die graubraunen Reihen mit ihrem Urräh-Gebrüll auf uns zustürmten, sah man, dass nicht alle in ihrem Loch überlebt hatten. Hinter uns war ein Wald; der bot Schutz vor dem russischen Gewehrfeuer. Von da immer weiter, weiter, weiter. Was ist die Seele? Für den frühesten Dichter Europas, für Homer, war sie identisch mit dem Leben; nach dessen Ende ein flatterndes Ding im ewigen Dunkel der Unterwelt, ohne

Bewusstsein. Schon Heraklit konnte ihre Tiefe nicht ausloten. Platon bewies ihre Unsterblichkeit. Dann war sie die Herrin über den Körper, der Geist über der Materie, bis sie im Zeitalter der Aufklärung, bei Hume, zu einem bloßen Bündel von Empfindungen herabsank, zum bloßen Namen, aus Verlegenheit. Aus dieser Verlegenheit hat auch der große Kant sie nicht gerettet: keine Realität, aber ein Postulat der praktischen Vernunft. Also eigentlich Mythologie. Bis heute ist sie für die Psychologie sozusagen persona non grata, obwohl die ihren Namen von ihr hat. Und was ist Materie? Der Archeget der „modernen" Philosophie, Descartes, fand zwei Ur-Substanzen, Geist und Materie. Die letztere beschrieb der moderne philosophische Materialismus als toten Stoff, Agglomerat winziger Körperchen, nach dem Vorbild antiker Denker „Atome" genannt. „Antike" und „Moderne": in allem die Moderne der Antike himmelhoch überlegen, mit Atombombe, Mondlandung, Computer; in der Philosophie nicht, in der Suche nach der allem zugrunde liegenden Wirklichkeit. Die suchen wir immer noch. Manche Philosophen haben sie längst aufgegeben, die Materialisten von Demokrit bis Marx fanden sie in ihren Korpuskeln - aber nur bis zur Physik der Planck, Bohr, Heisenberg. Da löste sich die Materie auf in Wellen, Kraftfelder, Strahlungen: die „Entstofflichung" der Elementarteilchen. Und zugleich wird deutlich, dass „moderne" Philosophie immer noch die „alte" ist: Die Fragen und die Antworten sind die gleichen. Wir nagen immer noch an dem Knochen Heraklits und Platons. Dass die Dinge letztendlich aus mathematischen Strukturen bestünden, „Zahlen", hatte schon Pythagoras im 6. vorchristlichen Jahrhundert gelehrt; dass Materie letztendlich etwas Immaterielles sei, schon Anaximander, der zweite in der traditionellen Reihe der antiken Denker. Und die marxistischen Philosophen des 20. Jahrhunderts standen in der Nachfolge der sogenannten Hylozoisten aus dem Milet jenes 6. vorchristlichen, die alles für „beseelt" hielten, wenn sie von „kreativer Materie" sprachen; das war nur ein Feigenblatt für Pantheismus, weil sie mit dem, der in diesem Wort steckt (theos = Gott), nichts zu tun haben wollten. Der hat mich damals in meinem Erdloch überleben lassen …

Waldspaziergang, Richtung Elbe

Der märkische Wald war so licht und schön, damals im heiteren April 1945! Rings um die Dörfer begann die Baumblüte. Manchmal sah man ein abgebranntes Bauernhaus, manchmal im Straßengraben einen Toten. Die

Temperaturen schon angenehm; man konnte draußen schlafen. Eines Morgens wurde ich von einem riesigen Keiler begrüßt, der neben mir im Dickicht dasselbe getan hatte. Die Menschen waren gefährlicher. Von einem sterbegierigen Waffen-SS-Mann wurden wir einmal in Empfang genommen, der Versprengte zu einem Trupp zusammengestellt hatte, um doch noch das „Dritte Reich" zu retten. Mir drückte er eine blutverschmierte Knarre (Gewehr) in die Hand; welcher Kamerad mochte das noch für seinen „Führer" vergossen haben? Wir mussten dem SS-Mann folgen; ich ging als letzter. In einer Fichtendickung blieb ich zurück und verkroch mich; Hitlers Endsieg sollte ohne mich stattfinden. Ungefährlich war`s freilich nicht, aber ich hatte wieder Glück. Schon vorher waren wir einmal einem ähnlich todessüchtigen jungen Leutnant in die Hände gefallen, an einer Durchgangsstraße zwischen zwei Seen, der uns eine Art Eid sprechen ließ, unter Einsatz unseres Lebens an dieser Stelle endlich den Feind aufzuhalten. Der Mann kam wohl vom humanistischen Gymnasium, ihm steckten die Spartaner am Thermopylenpass im Kopf. Der Humanismus hatte uns nicht vor Hitler bewahrt, und jener Leutnant rettete so seinen „Führer" auch nicht mehr. Ich aber rettete mich an die Elbe. Ein russischer Schlachtflieger wollte das verhindern. Sie griffen alles an, was sich bewegte, langsam, tief und brummend. Volle Deckung!

Feuer rotzte aus ihnen heraus; da schlug`s schon ein, mir ein Splitter in die Schulter, dem Soldaten neben mir ins Bein. Wir schleppten ihn zum Verbinden in ein nahes Haus. Ich hatte wenig Blutverlust, aber bis heute ein Andenken im Körper. Weiter, weiter nach Westen. Keine Orientierung mehr über Datum und Wochentage; aber als jemand berichtete, der „Führer" sei in Berlin „im Kampf für Volk und Vaterland gefallen", muss das der 30. April gewesen sein. Erleichtert trottete ich weiter. Die Elbe kam näher. Man hörte - solche Informationen hießen unter Landsern „Latrinenparolen" - der Amerikaner lasse nur Zivilisten hinüber. Ich fand irgendwo in einem leeren Haus eine Hose, ein Hemd, einen Sakko, zog die an und machte mich weiter auf den Weg Richtung Tangermünde, denn dort, so hieß es, gebe es einen Flussübergang. Manche Kumpel, die ebenfalls auf diesem Weg waren, schauten mich verwundert an: Meine neuen Hosen waren viel zu kurz, und auch der Sakko passte nicht; überhaupt, was wollte der junge Zivilist unter lauter Uniformträgern? Das Herz sank mir in die Hochwasserhosen, als am Weg zwei „Kettenhunde" standen, Feldgendarme mit ihren blinkenden Blechschildern. Schon fühlte mein Hals den Strick, mein Kopf die Kugel. Das Wunder geschah: Sie beachteten mich nicht! Offenbar hatten auch sie jetzt mit ihrem „Führer" abgeschlossen. Beim Weiterlaufen - viele liefen ja, alle in derselben Richtung - schnappte ich eine neue Latrinenparole auf; sie besagte, die Amerikaner nähmen nur Soldaten auf, anständig uniformiert und mit einer Flinte bewaffnet. Kurz vor dem Elbübergang, bei Fischbeck gegenüber von Tangermünde, lag auf freiem Feld ein riesiges Depot mit Waffen, Uniformen, Nahrungsmitteln, offenbar von unseren siegreichen Truppen auf der Flucht nach Westen unbewacht zurückgelassen. Was ich mir an Essvorräten alles mitgenommen habe, weiß ich nicht mehr, außer: ein Kochgeschirr voll grüner Kaffeebohnen, die ich später so zäh verteidigte, dass ich sie tatsächlich meiner Mutter mitbringen konnte. Sie trank doch so gern echten Kaffee. Im Augenblick ebenso wichtig war die Gelegenheit zum Umkleiden. Der Zivilanzug fiel ins Gras, und da stand wieder einer in Uniform mit einem ganz neuen (!) Schießgewehr im Arm. Der reihte sich ein in die Schlange derer, die über die Elbe wollten. Es wurde auch Zeit: der Russe schoss schon, offenbar mit Granatwerfern, nach Fischbeck hinein.

Kriegsgefangenschaft

Zuerst die Waffen weg, alle auf einen großen Haufen. Dann leicht und frei im Gänsemarsch über den hölzernen Notsteg, den man über die Trümmer der Brücke gebaut hatte. Ja, der Weg in die Gefangenschaft war ein Weg in die Freiheit: in die Freiheit von Schießen, von Blut und von Phrasen. Dialektik meines Philosophiebuchs! Für uns war der Krieg aus, aus, aus. Es blieben aber: die Ungewissheit über das Schicksal der Angehörigen und der Hunger.

Tangermünde war und ist wohl das schönste Städtchen der an altdeutschen Idyllen so reichen Altmark, ein Rothenburg Norddeutschlands. Kaiser Karl IV hatte es im 14. Jahrhundert zu einer Nebenresidenz ausbauen lassen, zur Sicherung des Weges von seiner Hauptresidenz Prag zu den reichen Hansestädten an Nord- und Ostsee. Geschichte und Bauwerke haben mich damals, versteht sich, nicht interessiert. Ich wollte nur hinüber. Die Russen schossen ja schon nach Fischbeck hinein. An unserem Laufsteg standen mehrere GI`s und nahmen uns die Armbanduhren ab. Meinem, als er den Arm abtastete, sagte ich, ich hätte keine. Mit „oh, you speak english" machte er mir seine Reverenz - die einzige di-rekte „Feindberührung" mit einem Amerikaner. Dann verlud man uns mit viel Gebrüll „hopp hopp" und „snell snell" auf Lastwagen; die Brüllenden waren Farbige, gewöhnungsbedürftig für uns rassebewusste Herrenmenschen. Die Fahrt ging zu einem riesengroßen Wiesengelände, das Zehntausende von Landsern aufnehmen konnte. Wir lagen im Freien, aber der beginnende Mai war schon sommerlich. Wie es mit der Verpflegung für diese Massen war, weiß ich nicht mehr; ich hatte ja immer Hunger. Deutsche Offiziere hatten weiterhin eine Art Kommando; man musste sie noch grüßen. Es gab aber auch Spaß in jenem Riesenlager bei Kalbe an der Milde: Amerikaner kamen mit großen Spritzen und stäubten jedem vorne und hinten in Hemd und Hose ihren Desinfektionsstaub hinein. Anderes war weniger spaßig. Über einem unserer Gehwege war ein Transparent aufgespannt mit der Aufschrift: „Das danken wir unserem Führer". Es fand meine Billigung. Hartgesottene Hitler-Fans hingegen (es gab immer noch welche) verweigerten ihre Zustimmung den Bildern aus den befreiten KZs, die uns gezeigt wurden. Sie sprachen von Fotomontage und „Gräuelpropaganda". Da mir die Hitlerei ohnehin fragwürdig gewesen war, konnte ich die Anfänge der Umerziehung ohne Seelenpein durch-stehen. Aber dies ganze Ausmaß des Verbrechens hatten wir uns so nicht vorstellen können. Man wusste, dass in den letzten Jahren des Kriegs jüdische Mitbürger aus ihren Wohnungen geholt und in Güterwagen nach Osten gefahren wurden. Dort habe man sie, so hieß es, in einer Stadt angesiedelt, damit sie der „deutschen Volksgemeinschaft" keinen „Schaden" mehr hätten „stiften" können. Das war schon schlimm genug; aber

Hunderttausende von ausgebombten und heimatlosen „Ariern" wurden damals ebenso zur Umsiedelung durchs Land gekarrt. Was in Wahrheit in Polen und anderswo geschah, erfuhren wir jetzt erst, und jeder musste das bei sich selbst verarbeiten.

Zum Engländer

Langweilig wurde es eigentlich nicht. Manchmal stapfte ein höherer Offizier, einmal sogar ein General mit immer noch roten Streifen an den Hosenbeinen, durchs Gras; man spritzte auf, wie gewohnt, und machte „Männchen". Niemand hat versucht, „denen" Dreck und Blut und die geraubte Jugend heimzuzahlen, obwohl vorher, als die Luft noch eisenhaltig gewesen war, unter Landsern, wenn sie ganz unter sich waren, das aufmüpfige Lied gesungen wurde (nach der Melodie von „Wo die Nordseewellen …"):
„Uns ist alles, alles, alles sch…egal.
Einmal seh`n wir uns zum allerletzten Mal.
Und dann blasen wir euch unsern Abschiedsmarsch,
und dann geht es heimwärts, leckt uns doch am A…!"

99

Den wollte dann doch keiner den Herren Generälen darbieten. Aber wir sahen sie jetzt wirklich zum allerletzten Mal, und jeder hoffte, dass es jetzt bald heimwärts gehe. Man hatte schon monatelang keinen Kontakt mehr zu den Angehörigen. Auch in der „Heimat" war man ja tagtäglich durch die rollenden Luftangriffe vom Tode bedroht gewesen. Der letzte Feldpostbrief, den ich geschrieben hatte, trägt das Datum vom 10. März; Ende Juli konnte ich endlich wieder eine Karte an meine Eltern schreiben, von denen ich ja nicht wusste, ob sie noch lebten; aus Braunschweig. Wie ich dorthin kam, geschah, wenn ich mich recht erinnere, so: Wir wurden dem Kommando der Engländer überstellt und in ein Barackenlager im Stadtbereich von Salzgitter, Immendorf genannt, transportiert. Es war schön mit Stacheldraht abgesichert; dahinter Anlagen der Montanindustrie. Ich habe ein Bild davon gezeichnet, das ich noch besitze. Bei klarem Wetter sah man die Harzberge. Im Kriege waren wohl Zwangsarbeiter dort zusammengepfercht worden; alles verlottert und verdreckt. Imponierend war die Anzahl der Wanzen, die des Nachts in Scharen sich von der Decke auf uns herabließen. Wir hielten deshalb das Licht an; da waren sie nicht so trinkfreudig. Ich schlief zuerst auf einem alten Holztisch; da hatte ich Gelegenheit, die verschiedenen Größen der Tierchen, die in den Ritzen lebten, ausführlich zu studieren.

Wanzen-Philosophie

Man konnte sie mit der Hand zerdrücken und dadurch ihre Zahl vermindern, wenn auch manchmal das Blut, mit dem sie sich vollgesogen hatten, am Finger kleben blieb. Schon damals stellte ich mir die Frage, warum wir so leicht töten, aber nicht Leben schaffen können; bei jeder Schnake, der ich nicht erlaube, ihren Stechrüssel in meine Haut zu tauchen, stellt sie sich aufs neue. Vegetarier zu werden, daran hat mich möglicherweise nur mein Appetit auf Bratwürste gehindert … In den 50er Jahren des letzten Jahrhunderts kam das Wort „kreativ" auf. Als ich es zum ersten Mal hörte, wunderte ich mich, dass wir Menschen jetzt zu Gott würden, denn dem waren die Wörter „creare" und „creator", schaffen und Schöpfer, wie ich als Lateiner wusste, einst allein vorbehalten. Mittlerweile haben wir uns daran gewöhnt, auf allen möglichen Gebieten „kreativ" zu sein; auch in der Erfindung immer neuer Waffen zum Mord an unseren Mitmenschen. Unter den Molekularbiologen soll es welche geben, die glauben, wir könnten über kurz oder lang Leben schaffen, so wie es vor Urzeiten mit der ersten lebenden Zelle entstanden war, durch Zufall, wie sie sagen, und wie es sich dann durch natürliche Selektion gemäß Darwins Theorie („Zuchtwahl" hieß das in meiner Jugend, und darauf beruhten Hitlers Rassenlehre und Auschwitz und Treblinka) und Mutationen hochentwickelt habe bis zu unseren Hirnen, die noch viel komplizierter sein sollen als die kompliziertesten Computer, die sie hervorgebracht haben. Gottfried Benn meinte in seiner Endzeit-Vision:

„Riesige Hirne biegen
sich über ihr Dann und Wann,
sie sehen die Fäden fliegen,
die die alte Spinne spann
mit Rüsseln in jede Ferne ..."

Da hat er, etwas abschätzig, den Schöpfer mit einer alten Spinne verglichen; aber die Fäden hat jedenfalls d e r gesponnen, die haben sich nicht selbst gemacht. Das aber glauben unsere Evolutionsbiologen: das Leben habe sich selbst organisiert. Mir scheint - freilich als einem Laien - der äußerst zweckmäßige Aufbau einer kleinen Wanze mit solcher

102

„Selbstorganisation" des Lebens nur schwer vereinbar. Denken ist bei uns seit dem 9. Mai 1945 wieder erlaubt, aber nicht immer gern gesehen. Bekanntlich widersprechen die amerikanischen (es gibt auch deutsche) „Kreationisten", die die biblische Sechstagewoche ins Feld führen, ebenfalls solcher „Selbstorganisation". Beides liegt für mich auf derselben Ebene der Akzeptanz: Mythologie. Es gibt auch eine der Wissenschaft.

Braunschweig

Im Lager in Salzgitter dachten wir noch nicht so viel; wir wollten weg, weg nach Hause. Manche waren so ungeduldig, dass sie sich gern für den Kampf gegen Japan (der Krieg war dort noch nicht zu Ende) hätten anwerben lassen, wenn die Engländer darauf eingegangen wären. Endlich begannen Entlassungen: zuerst die ganz Jungen (wir hatten 15- und 16-Jährige). Unvergessen, wie der leitende englische Offizier knurrte „verdammte Rasse", als er den Buben grinsend den

Entlassungsschein übergab. Er sprach deutsch, war wohl Emigrant. Ob ich an seiner Stelle das auch so fröhlich-unbelastet hätte tun können? Da ich schon älter war (18 ½), musste ich noch warten. Wir wurden nach Braunschweig gebracht - der Abschied von den Wanzen fiel nicht schwer - und bekamen als Quartier die Diesterwegschule (es gab ja noch keinen Unterricht). Sie war intakt geblieben, die Altstadt aber eine Trümmerwüste, aus der die Halbruinen der Kirchen herausragten. Später bin ich mehrfach in Braunschweig gewesen, um mir, nach ihrem Wiederaufbau, diese Kirchen anzuschauen. Sie haben ihren eigenen Stil. Die große alte Fachwerkstadt aber ist nicht mehr; nur einige „Traditionsinseln" werden gepflegt. Damals bin ich sogar einmal in die Ruine des Schlosses eingedrungen, habe in der Erinnerung den Rest eines recht goldenen Saales; bald wurde alles gesprengt, erst im frühen 21. Jahrhundert die Schlossfassade wieder aufgebaut. Was haben wir in Braunschweig damals gemacht? Zunächst einmal: geschrieben, denn die Post fing wieder an tätig zu sein. Die Postkarte vom 26.7.1945 hat sich erhalten, das erste Lebenszeichen nach einer Unterbrechung der Kommunikation von etwa vier Monaten; sie ist nach Büdingen adressiert, weil ich vermutete, dass meine Familie dort nach der Zerstörung des Hauses bei den Großeltern Unterschlupf gefunden hatte -

wenn sie überhaupt noch alle lebten! Darin schrieb ich u. a.: „Wenn ich nur wüsste, ob Ihr noch alle da seid und wie es Euch geht! Ich selber bin glücklicherweise durch die schrecklichen letzten Wochen des Krieges hindurchgekommen. Sitze jetzt hier in Braunschweig und bin z. Zt. Kanalarbeiter. Aber Essen gut, auch alle anderen Lebensumstände, bis auf die Kleidung (ein Fetzen!) und die Sehnsucht nach Hause. Werde nach Büd. entlassen, wenn die Zeit gekommen ist ..." Ja, wir wurden zur Wiederherstellung der Kanalisation eingesetzt; ich sehe mich noch auf dem Steinweg, einer der Hauptgeschäftsstraßen, mit Schippe und Pickel zugange. Wir bekamen genug zu essen und konnten uns nach Feierabend in den Ruinen der Stadt frei bewegen. Es wurden zunächst die Österreicher entlassen, die ja jetzt wieder Ausländer waren; an einen erinnere ich mich noch gut, weil er Leberwurstbrot mit darauf gestrichener Marmelade aß. Dann kam auch ich dran, im August, mit Entlassungsschein in die amerikanische Zone, nach Büdingen.

Heimkehr

105

Der Zug war, im August 1945, berstend voll; dass die Eisenbahn überhaupt wieder fuhr, schien ein Wunder. Wir zockelten durch die sommerliche Landschaft; wie lange, weiß ich nicht mehr. Zwei Erinnerungen sind geblieben, eine mit Bezug auf das geistige, eine auf das physische Leben. Zum ersten Mal hörte ich im Zug den Namen Thomas Mann. Ein junger ehemaliger Offizier unterhielt sich mit einem Kameraden über deutsche Literatur. „Wen werden sie (!) uns jetzt wohl vorsetzen?" Die Frage zeugte noch nicht von einer neuen Freiheit. Einige bisher unbekannte Namen waren die Antwort, darunter auch der des Buddenbrook-Verfassers. Die zweite Erinnerung, vom Hunger geprägt: In einem nordhessischen Dorf, idyllisch und als hätte es nie Krieg gegeben, trugen Frauen in ländlicher Tracht auf großen Blechen Kuchen zum Backofen! Das war damals noch beeindruckender als die erste Begegnung mit dem Namen eines Mannes, der offenbar gut schreiben konnte. Was hatte man uns alles vorenthalten!

Auch in dem oberhessischen Städtchen war, äußerlich gesehen, alles friedlich geblieben. Keine Bombenschäden, und die führenden Nazi-Größen hatte man abgeführt. Gelegentlich grüßte noch ein verwirrter Alter mit „Heil Hitler", doch daraus machte man keine Staatsaktion. Wie meine Großmutter den Klimawechsel innerlich überstanden hat, weiß ich nicht; habe damals nicht mit ihr diskutiert. Aber unbeschreiblich war ihre Freude, mich wohlbehalten zurück zu sehen. Nur meine Eltern traf ich nicht mehr an; sie waren im Wagen eines Wiesbadener Fischhändlers, der nahe Büdingen beheimatet war, nach Hause gefahren und hatten sich im Erdgeschoss unserer Brandruine notdürftig eingerichtet.

Der junge Mann, der da in zerschlissenen Uniformteilen vom Hauptbahnhof den Ring hoch kam, wunderte sich: Sein Elternhaus schien unversehrt, war es denn nicht am 2. Februar abgebrannt? Keine Trümmer auf der Straße, das Parterre wie immer ... Aber er war unter dem Laubdach der Platanen, auf dem Mittelstreifen der Allee, herangekommen. Beim Hochschauen sah er es: Dach weg, Fensterhöhlen, nackte Mauern, alles hell und sonnig, wie es der „Führer" seinem Volk versprochen hatte. Die Eltern im Parterre einquartiert. Bei Regen stellten sie alte Eimer und Bütten im ersten Stock auf. Darüber durchhängende Decken, hoch mit Schutt angefüllt, Einmal stürzte eine mit donnerndem Getöse auf die nächstniedere herab; die hielt, Gott sei Dank. Auch freistehende Schornsteine fielen gelegentlich um. Bis mein Vater ein Notdach konnte errichten lassen, vergingen drei Jahre. Trotzdem war es schön; man hatte überlebt und war wieder zusammen. Essen zu bekommen war jetzt das wesentliche Ziel jeder Tätigkeit. Die Lebensmittelmarken reichten nie. Es wurde „geschrottelt", das hieß getauscht gegen Esswaren: Uhren, Schmuck, Möbel, alles, was die Bomben überstanden hatten. Meine Mutter war unermüdlich darin, brachte Kartoffeln, Mehl, Eier, Speck nach Hause, von Bauernhöfen im Umfeld der Stadt, in schwierigen Fahrten mit dem noch nicht entwickelten Nahverkehr. Sie nannte es „hamstern". Spott und Neid ließen Kuhställe mit Perserteppichen ausgepolstert sein; aber wahr ist, dass man auf dem Lande wirklich eher satt wurde. In der Stadt gab es jetzt eher geistige Nahrung: die von den Nazis verfemten Dichter wurden wieder gedruckt, und im Wiesbadener Museum, das intakt geblieben war, hatten die Amerikaner einen Collecting Point eingerichtet, in dem einiges vorübergehend ausgestellt wurde, was von den Berliner Sammlungen im Krieg irgendwohin ausgelagert worden war. Da konnten wir die Nofretete in einem kleinen Glaskasten hautnah bewundern. Zum Umerziehungs-Programm der Siegermächte gehörte auch die „Entnazifizierung", eine damals gern verspottete Aktion äußerlicher Reinigung. Jeder Deutsche wurde erfasst und gemäß seinem Verhältnis zum Nationalsozialismus in eine der Kategorien eingestuft: Nicht Betroffene, Entlastete, Mitläufer, Minderbelastete, Belastete, Hauptschuldige. Das geschah in sogenannten

„Spruchkammern", besetzt mit Nichtbetroffenen und „Antifaschisten" (manche hatten sich damals sehr schnell in letztere verwandeln können), die auch die Strafen festsetzten, oft Berufsverbote. Wir spotteten nicht, sondern waren Nutznießer: Mein Vater als notorisch Unbelasteter wurde mit der Treuhandschaft für ein bekanntes Wiebadener Lebensmittelgeschäft betraut, dessen Inhaber Berufsverbot bekommen hatte. Von da an musste meine Mutter nicht mehr so häufig „hamstern" fahren. 19jährige wie ich waren „nicht betroffen", es sei denn, sie hätten sich als höhere HJ-Führer exponiert. Manche sind allerdings, ohne ihr Wissen, aus der HJ automatisch in die „Partei" (NSDAP) aufgenommen worden; das hat noch Jahrzehnte später, wenn man es erfuhr, zu Problemen geführt. Wie es mit der Gerechtigkeit bei den Entnazifizierungsverfahren aussah, zeigte mir schon damals eine Beobachtung. Unser Gymnasium hatte einen sehr noblen, angesehenen Direktor, der wohl auch eigenständig denken konnte. Bei einer seiner rituellen Ansprachen zum Schulbeginn nach den Ferien (Flaggenhissung, Schüler militärisch im Viereck aufgestellt, Hausmeister trompetet - meist falsch - die Hymnen) hörte der kleine Unterklässler einen systemkritischen Ton; gleichwohl bekam der „Direx" 1945 einige Jahre Berufsverbot. Er war halt - in seiner Position - notgedrungen „in der Partei". Ein anderer unserer

Studienräte erschien gleich wieder zur Arbeit, als die Schule wieder eröffnet wurde, im Winter 1945/6. Er hatte uns Quintaner zwar gelehrt, Engel seien „eine jüdische Erfindung" (ich war damals sehr bibelgläubig, siehe oben, und habe das im Kopf behalten); aber er war halt nie „in der Partei" ...

„Nazi-Physiognomik"

„Physiognomik" nannten die alten Griechen eine Lehre, der zufolge man aus der physischen Beschaffenheit (physis = Natur) eines Menschen, nämlich aus Gesichtszügen, Körperbau, Bewegung, Haltung usw. auf seinen Charakter schließen könne (gnoma = Erkennungszeichen). In der Neuzeit versuchte der Züricher Pfarrer Lavater, ein Freund des jungen Goethe, das zu einer modernen Wissenschaft zu machen; mit - zu seiner Zeit - großem Zuspruch (die vielen Scherenschnitte, die man damals überall und von jedem anfertigte, beweisen es), aber ohne nachhaltigen Erfolg. Es gab Zweifel; gezweifelt hatte schon der griechische Dichter Euripides im fünften vorchristlichen Jahrhundert in seiner Medea-Tragödie, wo er die Titelheldin angesichts der Untreue ihres Mannes, der sie mit ihren Kindern zugunsten einer Jüngeren brutal verstößt

110

(dabei hatte sie ihn einst vor dem Tode gerettet!) die vorwurfsvolle Frage an Zeus richten lässt, warum er uns sichere Merkmale gegeben habe, falsches Gold zu erkennen, aber einem Menschen kein Kennzeichen seiner Falschheit einprägte? Vom Für und Wider der Physiognomik wusste ich damals, gleich nach dem Zusammenbruch des Hitlerreiches, noch nichts. Ich erfand aber - wohl angesichts der tiefen inneren Beunruhigung über das, was wir erfahren hatten - ein interessantes Gedankenspiel. Bei jeder Person, mit der ich irgendwie Kontakt hatte (und besonders später, als das Fernsehen aufkam), fragte ich mich, wie dieser Mensch sich wohl als kleinerer oder größerer Funktionsträger im „Dritten Reich" ausgenommen hätte. Da gab es die Kleinen, die ich mir als hitlergläubigen „Blockwart" oder „Hauswart" vorstellen konnte (auch wenn sie jetzt alle gute Demokraten und Antifaschisten waren), oder die Großen als hohe SA- oder SS-Führer; brutale Typen auch als Kapos in einem KZ. Besonders ergiebig war - und ist - das Fernsehen: Ein für seine Politik eifernder Minister erinnert an Goebbels, ein kühler Konzernchef an Himmler; der Finanzbeamte hinter seinem Schreibtisch an Eichmann. Die Typen gleichen sich ja immer. Banalität des Bösen. Hannah Arendt hatte recht: Was kann eine mörderische Ideologie aus uns machen! Ich kann mich selber nicht ausnehmen. Was wäre ich, im Falle eines Sieges von Hitler, trotz aller Kritik, trotz aller Abneigung, wohl geworden? Ein kleiner Mitläufer des großen Siegers? Der Ablauf der Geschichte ist wesentlich menschlicher Macht entzogen. Gegen einen erneuten Einbruch einer ideologischen Diktatur, von welcher Art auch immer, in naher oder ferner Zukunft, gibt es keine Garantie. Wie würde sich da der Verwandte, der Nachbar, der Mitarbeiter ausnehmen? Die Erforschung der Verhaltensökonomik bietet heutzutage ein hinreichendes Bild von Gruppenzwängen und von Konformismus. Wir würden wohl fast alle Mitläufer, einige auch Täter, typenbezogen. Kein schöner Gedanke: Eichmänner sind immer unter uns. Insofern war, denke ich, meine „Nazi-Physiognomik" keine Posse.

Schule und Universität

Meine Schüler habe ich später manchmal verblüfft, wenn ich erzählte, ich hätte dreimal die Reifeprüfung machen müssen. Das war nicht gelogen: „Vorsemesterbescheid" nach Abschluss des Luftwaffenhelfer-Jahres auf der Schule, „Reifezeugnis" nach einem mehrwöchentlichen Kurs im Sommer 1944; beides nach Kriegsende ungültig. Also zu einem weiteren Jahr auf die Schule; obwohl wir in gewisser Hinsicht ja schon „gereift" waren. Die Klasse bestand aus lauter jungen Kriegsteilnehmern, auf die sich die alten Lehrer nicht immer richtig einstellen konnten. Ich erinnere mich an einen Streit zwischen dem Englischlehrer und einem Kameraden, der länger in England in Kriegsgefangenschaft war, um eine richtige Wendung. Einmal sprach der Studienrat M. von den „verlebten Gesichtern", die da vor ihm säßen. Der Protest blieb gedämpft, Herr M. war einer der notorischen Gegner des Regimes im Kollegium gewesen, manchmal an der Grenze zum nächtlichen Abtransport. Nach gewissen schulischen Blessuren (eine „5" in Mathematik) und einer Art von Desinteresse, aus der immer wieder gestellten Frage resultierend, was denn nun die Normalität sei: Krieg oder das Leben in Elternhaus und Schule, dann endlich die „richtige" Hochschulreife. Im Winter 1946/7 war die Universität in Mainz neu gegründet worden; dahin konnte man jeden Tag fahren, musste nicht, was schwierig war, in einer fremden, zerbombten Stadt Herberge suchen. Auch Mainz lag in Trümmern; die Universität war in der außerhalb gelegenen Flakkaserne eingerichtet worden, die ich drei Jahre vorher als angehender Luftwaffenhelfer kennengelernt hatte. Studentenleben in Altstadtkneipen gab es nicht. Viele liefen in ihren alten Soldatenmänteln herum; als „Herr Kommilitone" siezte man sich. Die wenigen Mädchen

113

redete man mit „Fräulein" an. Die Aufbereitung von Vorlesungen und Seminaren fand in der engen Küche meiner Mutter statt. Vieles wurde mitgeschrieben, auch ganze Bücher abgeschrieben, denn die waren kaum vorhanden, auch in den Seminarbibliotheken nicht. Lerneifer für das Neue, das Ungewohnte glich den Mangel aus. Nur über die evangelisch-theologische Fakultät war ich zur Uni gekommen; aber Neues Testament bei Käsemann, das interessierte mich. Griechisch wurde nachgelernt, Vorlesungen bei Dirlmeier, lateinische bei Wilhelm Süß und später bei Thierfelder (der setzte mich auf den altrömischen Komödiendichter Plautus an) belegt. Irgendwann wechselte ich ganz zur Altphilologie über. Meine Schulkameraden, die mit mir nach Mainz gekommen waren, blieben bei der Theologie; bei ihnen war ich, wie einst Goethe, das Weltkind in der Mitten. Nicht ganz: die Frage nach Gott - oder, wenn`s eher beliebt, die Frage nach dem, „was die Welt im Innersten zusammenhält", heutzutage eher von Physikern als von Philosophen gestellt (die Theologen wissen es sowieso), hat mich mein ganzes Leben lang beschäftigt. Mit meinem Examen in evangelischer Theologie im dritten Fach musste ich mich bei Pfarrer B. in Wiesbaden melden, damals Leiter des katechetischen Amtes der Landeskirche (so hieß es, glaube ich) , der mit der Ausbildung der künftigen Pfarrer zu tun hatte. Ich musste ihm die Gründe darlegen, warum ich keine amtliche Lehrbefähigung für evangelischen Religionsunterricht haben wollte. Mein Hauptgrund erstaunte ihn wohl ein wenig. Er war darauf gefasst, so sagte er mir dann, wie bei manch anderen zu hören, sie hätten ihre Schwierigkeiten mit dem Glauben an biblische Wunder, oder an Jesu leibliche Auferstehung und dergleichen (es war noch die Zeit vor der Breitenwirkung von Bultmanns Entmythologisierungs-Theologie); ich aber zweifelte an der Grundthese des paulinisch-augustinisch-lutherischen Christentums von der substantiellen Sündhaftigkeit des Menschen. Wie sollte ich auch nicht zweifeln, war ich damals doch ganz aufgegangen in meinem Studium der altgriechischen Kultur und Philosophie, wo Vergleichbares höchstens in Ansätzen (Orphik, soma-sema) zu hören war! Der Grieche der klassischen Antike fühlte sich nicht erlösungsbedürftig; der Christ musste erst in den Morast seiner Sünde hinabstürzen, um das Werk des Heilands erklären zu können. Darin stimmte ich Nietzsche zu, den ich ansonsten nicht so mochte. Ich merkte auch nicht den Widerspruch zu meiner Mutmaßung, siehe vorheriges Kapitel, wir könnten alle Eichmänner sein. Da klaffte wohl ein Riss zwischen Erfahrung und Theorie. Zurück zu dieser. Woher kam denn diese Sündhaftigkeit des Menschen, wo doch Gott bei der Musterung seiner Schöpfung sah, wie es heißt, dass alles gut war? Warum hat er da die Schlange ihren fatalen Anschlag ausüben lassen? Heinrich Heine hat ja diese „verdammten Fragen" nach der Herkunft des Bösen auf den Punkt gebracht:

„... Ist etwa

unser Herr nicht ganz allmächtig?

Oder treibt er selbst den Unfug?

Ach, das wäre niederträchtig!"

Also, gibt es eine zweite Macht neben Gott, nämlich den Teufel, und herrscht in der Welt ein ständiger Kampf zwischen diesen beiden, dem Guten und dem Bösen? So wollte es die altiranische Religion, und manches davon ist, trotz ständiger Behauptung der Allmacht Gottes, in das Neue Testament eingedrungen, in Gestalt des ständigen Kampfes gegen den Teufel; auch ein so großer Theologe wie Luther hat ihn ja mit dem Tintenfass beworfen. Es zieht sich diese „verdammte Frage" als das Problem der Theodizee, d. h. der Rechtfertigung Gottes gegenüber der Existenz des Bösen, bekanntlich durch die Jahrhunderte hindurch, vielfach verschleiert durch „heilige Parabolen" und „fromme Hypothesen". Selbst den größten Philosophen hat man seither mit einer Handvoll Erde die Mäuler gestopft - was ja, wie Heine meinte, keine Antwort sei. Aus der Unlösbarkeit des Problems mich in die relative Naivität des altgriechischen Menschenbildes zu flüchten hat mir offenbar gut getan. Nicht ganz: Wo blieb Gott in

Auschwitz und Treblinka? Die Frage wird heute nicht mehr so breitflächig diskutiert wie zur Zeit des jungen Goethe die nach dem Erdbeben von Lissabon ...

Neues Leben

Nach dem Kriegsende: Deutschland richtet sich ein. Zuerst in den neuen engeren Grenzen. Im Osten gingen Ostpreußen, Pommern, Schlesien verloren, im Westen wäre beinahe der Traum Frankreichs von der Rheingrenze (Ludwig XIV hatte nur das Elsass behalten können, unter Napoleon war er fast zwei Jahrzehnte lang Wirklichkeit gewesen) wieder in Erfüllung gegangen, hätten nicht die übrigen Siegermächte opponiert; so wurde lediglich das Saargebiet wirtschaftlich, mit dem Franc als Zahlungsmittel, an Paris angeschlossen. Die Sudetendeutschen vertrieb man aus Böhmen, manchmal unter Grausamkeiten, die über das zulässige Maß an Vergeltungsbedürfnis für jahrhundertelange deutschsprachige Dominanz über das tschechische Volk hinausgingen. Österreich wurde wieder ein selbständiger Staat, seine

Bewohner kehrten sich von den Deutschen ab; so hatten sie sich den umjubelten Anschluss an das „Reich" von 1938 doch nicht vorgestellt (mit ihm hatte Hitler übrigens, was leicht vergessen wird, nur einen Beschluss der Nationalversammlung von Rumpf-Österreich im November 1918, den die damaligen Alliierten verboten hatten, in die Tat umgesetzt). Der Rest Deutschlands war in vier Besatzungszonen aufgeteilt, die russische im Osten, die amerikanische im Süden, die englische im Norden und die französische im Westen, mit anfänglich starker Beschränkung des wechselseitigen Verkehrs. Millionen von Männern waren noch in Kriegsgefangenschaft; auch nach dem offiziellen Kriegsende am 8. Mai 1945 hatten die Kartenlegerinnen Konjunktur. Auch meine Mutter war zu einer gegangen, im Sommer jenes Jahres, als es keine Nachrichten mehr gab; sie sagte ihr, ich lebe noch und sei bei vielen Menschen. Wenn ich mir vorstelle, wie meine Mutter da vor ihr saß, bleibt mir der Spott im Halse stecken. Es war die Zeit der „Trümmerfrauen"; kleine Bähnchen wurden in die Ruinenwüsten gebaut, mit ihnen der Schutt abgefahren. In Wiesbaden gab es eine in der Luisenstraße, an die ich mich erinnern kann; seltsam ragte dort die nur teilzerstörte Bonifatiuskirche über die Steinöde. Wer konnte, gab sich Mühe; es konnte nicht jeder, denn die drei ersten Nachkriegsjahre waren die hungrigsten; man musste

118

„sch0rotteln", siehe oben. Freude machte, die Anfänge neuer Industrieproduktion zu sehen: einmal fuhr eine ganze Reihe nagelneuer Lastwagen vom Typ „Blitz" aus den Opelwerken0 an mir vorbei, und ich war selig. Auch das Liebesleben sprang wieder an, hatte aber 0mit Männermangel zu kämpfen. Dem halfen die GIs, die amerikanischen Soldaten, ein wenig ab. Freilich: Mädchen, die sich mit ihnen „abgaben", „Amimiezen" genannt, wurde0n scheel angesehen, von der älteren Generation, weil in ihnen noch ein Rest der „deutschen" Erziehung der Jahre vorher steckte, von der jüngeren aus Konkurrenzneid; die Amerikaner besaßen doch Zigaretten und Schokolade in Fülle. Die Raucher unter uns hatten eher mit Zigarettenmangel zu kämpfen. Fast jeder suchte an jedem Ort weggeworfene amerikanische „Kippen", manchmal mit unten angespitztem Spazierstock. Kippensuchen konnte komische Formen annehmen, etwa wenn ein hochqualifiziertes deutsches Orchester vor Amerikanern gespielt hatte und anschließend schnurstracks sich im Zuschauerraum verteilte, um die Nikotinreste aufzulesen. Entwürdigend, meinten einige; aber war Auschwitz nicht eher entwürdigend für uns Deutsche? Pastor Niemöller vertrat die These von der deutschen „Kollektivschuld"; er wurde dafür sehr angefeindet. Aber der Ruf „Nie wieder Krieg!" erschallte sehr laut. Und als man das spätere Bundesland Hessen gründete, mit Wiesbaden als Hauptstadt (Frankfurt und Kassel waren zu stark zerstört), wurde in die neue Verfassung die „Ächtung" des Krieges aufgenommen - eines jeden Krieges, wohlgemerkt. Sympathisch, aber sehr, sehr blauäugig. Schon als Kanzler Adenauer die deutsche Wiederbewaffnung durchsetzte, angetrieben von den USA, die vor der Auseinandersetzung mit der Sowjetunion standen, war das nur Makulatur. Wie war uns, meiner zukünftigen Frau und mir (wir hatten uns im April 1949 kennengelernt) ihr rheinländischer „Onkel Konrad" unsympathisch! Aber da hatte sich der Zeitgeist schon gewandelt.

Der Zeitgeist

Ein Geist, der schwer zu fassen ist. Man kann ihn aber herbeizitieren, in der Regel dann, wenn irgendeine Einrichtung in unserer Gesellschaft auf irgendwelchen Gepflogenheiten beharren will, die „nicht mehr dem Zeitgeist entsprechen", oder wenn eine andere Einrichtung sich erfreulicherweise „dem Zeitgeist öffnet". Das besagt, man kann sich dem Zeitgeist gegenüber ablehnend oder zustimmend erhalten. Die Ablehnenden werden als die „ewig Gestrigen" beschimpft, die

Zustimmenden gelobt als die „an der Zukunft Orientierten".
Lob und Tadel erteilen die Medien; die Medien, also Presse,
Rundfunk und Fernsehen, erscheinen als die ausführenden
Organe des Zeitgeistes. Oder schaffen sie ihn sogar? Das führt
zu der fundamentalen Frage, was oder wer dieser schwer zu
fassende Geist überhaupt ist. Es kann keinen Zweifel daran
geben, dass wir Menschen des 21. Jahrhunderts, im übrigen
nicht geistergläubig, fest an ihn glauben; sonst würde man sich
nicht immer wieder auf ihn berufen; und dass er Macht über
uns hat. Schon manchen, der sich gegen ihn stellte, hat er um
seine öffentliche Reputation oder um seine Stellung oder gar,
in früheren Zeiten, nicht nur in der Hitler-Diktatur, um
Gesundheit und Leben gebracht. Denn der Zeitgeist hat einen
Ableger, „political correctness" genannt, eine wahre
Missgeburt. Ich habe eine tiefe Abneigung gegen ihn; er
bedeutet Lenkung meines Denkens und erinnert mich zu sehr
an die Blockwarte und Ortsgruppenleiter meiner Jugend.
Sympathisch dagegen sind mir die Querdenker, die
„umstrittenen" Geister und alle, die heute meinen, in der DDR
sei wohl nicht alles falsch gewesen; auch die „Putin-
Versteher" von 2014/15 zähle ich dazu. Beweisen sie mir, dass
wir seit 1945 wirklich Meinungsfreiheit gelernt haben?

Das Ich, die Seele und - Gott

Die Frage ist, ob derjenige, der damals als kleiner Bub die Engländer aus der Ringkirche marschieren sah, noch derselbe Mensch ist, der heute, 2015, diese Zeilen schreibt. Jahrhunderte lang glaubte man, der Mensch bestehe aus dem Körper und einer Seele; diese sei die Konstante, die auch die Auflösung des Körpers überstehe. Spätestens seit der englische Philosoph Hume im 18. Jahrhundert die Seele zu einem fiktiven Sammelbegriff für schnell wechselnde Vorstellungen erklärte, ist man von ihr mehr und mehr abgekommen. Indessen, ein „Ich" dürfte es wohl noch geben, ein Bewusstsein meiner selbst, das mir auch der tiefstdringende Erforscher der Neurophysiologie meines Gehirns nicht wegdiskutieren kann. Also bleibt die Frage: Ist dieses mein Ich noch dasselbe wie vor 80 Jahren? Ein identisches Substrat aller Empfindungen und Reflexionen des Kindes, des Mannes, des Greises? Die Antwort mag die Hirnforschung geben, wenn sie kann; inzwischen muss das Postulat aushelfen, ich sei noch in einem Kern meines Daseins derselbe wie 1930; andernfalls wäre eine Autobiographie wohl nicht möglich, wenn es kein „autós", kein Selbst, gäbe.

Ähnlich steht es mit Gott. 00Schon aus der griechischen Antike kennt man einige wenige Atheisten; sie wurden ve00rspottet, aber nicht verbrannt. Verbrannt hat man erst im Mittelalter, sogar bei den lächerlichsten Unstimmigkeiten in Bezug auf die damalige „theological correctness", ganz zu schweigen von platter Gottesleugnung. Den hat nicht erst Nietzsche für tot erklärt, sondern schon im 18. Jahrhundert die französische Aufklärung, Voltaire und seine Mitstreiter. Viele Generationen „aufgeklärter" Geister sind ihnen darin gefolgt, auch ganze Regierungen, z. B. die der ehemaligen Sowjetunion, aus Sorge um das psychische Wohlbefinden ihrer Völker. Für tot erklärt und doch nicht gestorben; die Paradoxie ist von jeher Ausdruck für das, was den menschlichen Horizont übersteigt. Kant hatte recht: Die Beweise für seine Existenz hat er alle widerlegt, ihn aber für ein Postulat unserer praktischen Vernunft gehalten.
Ich bin ihm dankbar, dass er mich so lange hat leben lassen.

Anmerkung

Das Gedächtnis des Knaben ist, verständlicherweise, kaum mit Kalenderdaten verknüpft. Wenn doch, gab es auch Irrtümer: So entnehme ich der zusammenfassenden Übersicht von Hermann Otto Geißler „Wiesbaden im `Dritten Reich`" in den Nassauischen Annalen von 2015 Band 126, S. 339 - 372, dass der Fackelzug der Formationen der NSDAP in Wiesbaden, mit dem meine Erinnerungen beginnen, erst am 31. Januar 1933 stattgefunden hat, also einen Tag nach Hitlers „Machtergreifung" am 30. Januar (a. a. O. S. 340). Der spektakuläre Besuch Hitlers vom Kapitel „Der `Führer` kommt" war wohl der vom 23. und 24. März 1935 (a. a. O. S. 353). An manchen der a. a. O. S. 355 erwähnten Aufmärsche und Kundgebungen dürfte ich wohl als „Pimpf" teilgenommen haben. Auch an eine Fahrt des Reichspräsidenten von Hindenburg, in einem großen offenen Auto von Biebrich kommend über die Biebricher Allee (die danach „Hindenburgallee" hieß) kann ich mich erinnern; sollte das sein Besuch vom 19. Juli 1930 in Wiesbaden gewesen sein (a. a. O. S. 355), so wäre das eine noch frühere Erinnerung als jener „Fackelzug" gewesen. Deutlich sehe ich mich aber, zusammen mit meinem Großvater, als Zuschauer bei der Einweihung des Denkmals mit dem springenden Pferd für das Artillerie-

Regiment 27 auf dem Luisenplatz im Oktober 1934 (a. a. O. S. 357) - es nahmen nämlich einige Veteranen des Krieges 1870/71 teil, deren phantastisch bunte Uniformen ich bewunderte!

Über den Autor

(Friedrich) Wilhelm Milch, geboren 1926 in Wiesbaden, ging zunächst auf die dortige Hebbelschule, dann zum „Staatl. Gymnasium und Realgymnasium" am Gutenbergplatz, wurde im Februar 1943 im Rahmen seiner Klasse als „Luftwaffenhelfer" auf der Bierstadter Höhe eingesetzt; von Juli 1944 bis zum Ende des Krieges war er Soldat an der Ostfront, dann in britischer Kriegsgefangenschaft. Nach der Entlassung ermöglichten ihm seine Eltern trotz der wirren Nachkriegszeit ein Studium an der gerade (neu) gegründeten Universität Mainz; er entschloss sich nach anfänglichem Schwanken zur klassischen Philo-logie. Seine erste Anstellung fand er 1955, nach dem Staatsexamen, am Gymnasium in Gernsheim am Rhein, einer relativ kleinen, aber sehr effektiven Schule mit überaus bildungswilligen Schülern; er unterrichtete dort Latein, Geschichte und in Arbeitskreisen auch Altgriechisch. Da dies letztere Fach ihm besonders am Herzen lag, kam es im Jahre 1962 zum Wechsel an die Diltheyschule in Wiesbaden, damals altsprachliches Gymnasium, wo er bis zu seiner Pensionierung im Jahre 1989 tätig blieb. Er verstand sich zeitlebens, ge-mäß seiner Interpretation der klassischen Philologie, als Vermittler und Bewahrer traditioneller Bildungsinhalte. In diesem Sinne erdachte und leitete er, allein oder mit Kol-legen, zahlreiche „Bildungreisen" im deutschen Kulturgebiet sowie in West- und Südeuropa. Demselben Ziel dienten seine vielen Vorträge in der Diltheyschule, in der Volkshochschule Wiesbaden und auch im Stadtarchiv; thematisch reichen sie von Wiesbadens Römerzeit bis zu geistesgeschichtlichen Skizzen und Interpretationen von Gedichten Goethes und Schillers, die sein Fach tangieren. Gedrucktes: Neben einigen wissenschaftlichen und fachdidaktischen Aufsätzen aus den 50er Jahren haben sich die Führungen, die er, solange dies noch möglich war, in der römischen Abteilung der Sammlung Nassauischer Altertümer halten konnte, in zwei kleinen Büchern niedergeschlagen:

„Römisches Adressbuch von Wiesbaden" und „Götter, Orgien und Mysterien - Multi-Kulti im römischen Wiesbaden".

(Friedrich) Wilhelm Milch

Buchveröffentlichungen, wissenschaftliche Arbeiten und Vorträge:

a) Bücher:

128

Who is Who in Aquae Mattiacorum - römisches „Adressbuch"
von Wiesbaden
Thorsten Reiß Verlag Wiesbaden 2011 89 S.

Götter, Orgien und Mysterien - Multi-Kulti im römischen
Wiesbaden
im Selbstverlag 2014 76 S.

b) wissenschaftliche/pädagogische Arbeiten:

Gnothi seauton im griechischen Drama
in Der altsprachliche Unterricht Heft 7/1 1956 S. 37-49

Das vierte Buch der Aeneis als exemplarische Lektüre
in Der altsprachliche Unterricht Heft 9 1956 S. 24-40

Zum Kapitel „Plautinische Zwischenreden"
in Hermes, Zeitschrift für Klassische Philologie 85. Band Heft 2
Juli 1957

c) Vorträge:

Das Datum nennt bei Wiederholungen die jeweils erstmalige Veranstaltung.

(Di) bedeutet: gehalten im Dilthey-Forum, (vhs) in der Volkshochschule Wiesbaden,

(Sta) im Stadtarchiv Wiesbaden.

1) 7.12.1988 „Gotik und griechisches Erbe" - über die Theorie von der Entstehung der gotischen Baukunst aus der christlich-neuplatonischen Licht-Metaphysik (Di)

2) 19.2.1990 „Romanische Kunstlandschaften" - Lichtbildervortrag über die verschiedenartige Ausprägung der romanischen Baukunst in verschiedenen europäischen Ländern (Di)

3) 11.3.1991 „Das Ende kam in Bretzenheim" - der römische Kaiser Severus Alexander und seine Zeit (Di)

4) 8.2.1993 „Emporion - Empuries, ein westlicher Vorposten von Hellas in Iberien" - Lichtbildervortrag über die Überreste der griechischen Stadt bei La Escala an der Costa Brava (Di)

5) 16.2.1995 „Redendes Silber - römische Münzen der Schulsammlung der Diltheyschule erzählen Geschichte(n)" (Di)

6) 1.12.1998   „Redendes Silber, Teil II   -   Münzen der römischen Kaiserzeit unserer Sammlung und was sie erzählen" (Di)

7) 15.2.2000 „Die Mysterien des Mithras" - Erläuterungen zum römischen Mithrastempel in Wiesbaden (Di)

8) 12.2.2004 „Das römische Wiesbaden - multikulturell" - Lichtbildervortrag über die
frühesten Bewohner von Aquae Mattiacorum und ihre Religionen (Di)

9) 8.12.2005 „Roms Kaiser Mark Aurel - Macht und Ohnmacht des Geistes" (Di)

10) 3.3.2008 „Romanische Baukunst und ihre Variationen von England bis Italien" Lichtbilder-schau (vhs)

11) 6.11.2008 „Der Schöpfer des Rheinweins - wer war eigentlich Kaiser Probus?" Eine historische Erinnerung mit Weinprobe (Sta)

12) 10.11.2008 „Die Anfänge unserer Stadt" - Inschriftsteine und Schriftquellen zum römischen Wiesbaden (Aquae Mattiacorum) (vhs)

13) 9.3.2009 „Romanische Baukunst in Deutschland" - Lichtbilderschau (vhs)

14) 16.3.2009 „Gotische Baukunst in Deutschland" - Lichtbilderschau (vhs)

15) 12.11.2009 „Schiller und die Götter Griechenlands" - Lebensskizze und Gedichtinterpretationen Schillers (Di)

16) 29.3.2012 „Kaiser Valentinian I, Wiesbaden und die Heidenmauer" - Vortrag mit Kritik an der Hypothese, die

Heidenmauer sei der Rest einer monumentalen Wasserleitung (Sta)

17) 21.2.2013 „Dieses: Stirb und werde! Goethe, Wiesbaden und der Mithraskult" - ein Beitrag zur Interpretation des Gedichtes „Selige Sehnsucht", entstanden in Wiesbaden am 31.7.1814 (Di)

18) 26.3.2015 „Jovis omnia plena - das pantheistische Modell von Heraklit bis Heidegger"- ein Streifzug durch die Geistesgeschichte (Di)

_____sEinfügen statt Exkurs Romantik!!

Romantik - ein Exkurs

Manche haben die nationalsozialistische Ideologie für einen Ausläufer der deutschen Romantik gehalten, also den

„Taugenicht" Eichendorffs zu einem Urahn von Rosenbergs „Mythos des zwanzigsten Jahrhunderts" erklärt. Die Vorstellung ist reichlich skurril, handelt es sich doch dort um eine literarische Mode, die noch heute vielen Menschen das Gemüt erfreut (oder auch das Gruseln lehrt, wie bei E. T. A. Hofmann), hier aber um die geistige Grundlegung einer grausamen mentalen Abirrung, die viele Millionen das Leben gekostet hat. Doch es lässt das Wort „Mythos" im Titel des letztgenannten Buches aufhorchen: Die deutsche Romantik ist voll von „Mythischem", nicht nur bei Richard Wagner. Safranski hat vor einigen Jahren (2007) eine fesselnde Monographie herausgebracht: „Romantik - eine deutsche Affäre", die eine deutsche Geistesgeschichte darstellt von Herder bis zu den „68ern", Hitler eingeschlossen. Von den vielen Definitionen des Romantik-Begriffs ist wohl die weitestgehende: das Romantische sei „fast immer im Spiel", wenn „Unbehagen am Wirklichen und Gewöhnlichen" nach einem Ausweg suche. Damit kann man jede politische, religiöse oder geistige Umwälzung fassen, also keineswegs nur eine „deutsche Affäre". Aber: haben die nächst denen der Nazis größten Massenschlächtereien des 20. Jahrhunderts, die des Stalinismus in der Sowjetunion und die der Kulturrevolution in China, vielleicht doch einen - sehr verdeckten - deutschen Hintergrund, nämlich im Paradies-

Mythos des Deutschen Karl Marx? Marxens Philosophie kommt bekanntlich von Hegel her, er hat, wie er es ausdrückte, Hegels Lehre vom Gang des Geistes vom Kopf auf die Füße gestellt, sie umgekehrt in eine dialektische Entwicklung unseres Umgangs mit den Produktionsmitteln bis hin zur paradiesischen Endzeit der klassenlosen Gesellschaft. Für diesen Mythos die Millionen Opfer! Dann könnte man es so sehen: Hitler käme letztendlich von der Romantik her, einem Mythos des „nordischen Blutes", das zur Weltherrschaft bestimmt sei, Stalin und Mao von Hegel. Ein Schüler hatte mir einmal, fünfzehn Jahre nach der Befreiung von Auschwitz, ganz ernsthaft geschrieben, am „deutschen Wesen" solle die Welt „genesen". Was für eine makabre Ironie!

Herstellung und Verlag:
BoD - Books on Demand, Norderstedt
ISBN 978-3-7460-4479-8